Drahtseiltanz

Ausschnitt einer Beziehung in emotionaler Instabilität

Vorwort

Es gibt zwei bedeutende Dinge für mein Leben, die ich rückblickend auf die letzten zwei Jahre verinnerlicht habe. Erstens >>*Was Dir das Leben verweigert, ist wichtiger als das, was es Dir schenkt!* <<, denn es läßt mich dem Leben gegenüber demütig bleiben und immer wieder feststellen, dass das Leben nur bedingt planbar und somit kontrollierbar bleibt. Diese Erkenntnis ist schmerzhaft, denn das Nichtwissen ist wohl die schwierigste Herausforderung für mich. Warum? Weil mir nichts bleibt, außer dem immer wiederholten Versuch, Vertrauen zu lernen. Vertrauen in das Leben, in die Liebe, in meinen Partner und in mich selbst. Urvertrauen kenne ich nicht. Ich habe es nicht lernen dürfen, denn meine Kindheit war geprägt durch Verlustangst und Selbstzweifel. Eine wichtige Bereicherung sind daher die sieben Schlüssel zur inneren Stärke für mich, die Professor Doktor Jutta Heller unter dem Begriff Resilienz zusammengefasst hat; Akzeptanz >> *Ich nehme an, was geschieht. Es ist, wie es ist>>*; Optimismus >> *Ich vertraue darauf, das es besser wird<<*; Selbstwirksamkeit >> *Ich achte auf meine eigenen Bedürfnisse. Entscheide mich und gehe meinen Weg<<*; Verantwortung >> *Ich verlasse die Opferrolle. Ich übernehme Verantwortung und respektiere meine (Leistungs -) Grenzen<<*; Netzwerkorientierung >>*Ich traue mich, andere um Hilfe zu bitten und Hilfe anzunehmen<<*; Lösungsorientierung >> *Ich gehe die Dinge an und werde aktiv. Ich entdecke die Wünsche für mein Leben<<* und zuletzt Zukunftsorientierung >> *Ich plane mein Leben und sorge für die Realisierung meiner Pläne<<*.

Diese Orientierungen habe ich fest verinnerlicht. Auch wenn diese beiden Grundannahmen >> *Verweigerungen des Lebens sind wichtig<<* und >> *Resilienzschlüssel<<* noch immer nur in meinem Kopf verankert sind, so nehme ich doch immer häufiger die Gefühle dazu wahr und sie beruhigen mich ungemein. Ich habe nach den Schlüsseln gesucht, weil mir das Leben vorerst einen Herzenswunsch verweigert hat. Vielleicht hätte ich sonst gar nicht nach erneutem Halt gesucht. Diesen Zusammenhang verstehe ich heute und bin, trotz Schmerz und Trauer, dankbar.

1. VERWEIGERUNG DES LEBENS

2014...

Lena Jungmann

Ich habe es mir so sehr gewünscht. Wir beide haben es uns so sehr gewünscht. Ganz plötzlich nahm mir das Leben für einen Moment alles weg, was ich an Vertrauen und Zuversicht besessen hatte. Alles ist durcheinendergeworfen worden, hat mich erschüttert bis auf die Grundfeste und erneut haltlos gemacht.

Es war ein Freitag als ich plötzlich Blut verlor. Es war nicht viel Blut. Ein dicker Tropfen frisches Blut. Mich überkam ein mulmiges Gefühl, doch eine ernsthafte Bedrohung für das Leben in meinem Leib sah ich noch nicht. Vorerst blieb ich ruhig und versuchte, meine Gynäkologin zu erreichen. Sie war nicht da. Sollte ich wegen der Blutung extra ins Krankenhaus fahren? >>Es besteht kein Grund zur Panik<<, höre ich noch heute meine Frauenärztin sagen, >> sollten Sie Blutungen bekommen, sollten Sie das Krankenhaus nur aufsuchen, wenn es sich dabei um geronnenes Blut handelt. Bei frischem Blut eilt es nicht. Das kann passieren, wenn kleine Arterien platzen bei dem Wachstum Ihrer Gebärmutter<<.

Immernoch unsicher, was ich nun tun sollte, fuhr ich auf Anraten meiner lieben Tante und Hausärztin, die ich etwas später anrief und zum Glück auch erreichte, ins Krankenhaus. >> Du versaust Dir Dein Wochenende<<, hatte sie am Telefon argumentiert, >> Fahr ins Krankenhaus und lass´ es abklären, dann bist Du auf der sicheren Seite<<.

Als ich auf dem gynäkologischen Stuhl saß und mir die diensthabende Ärztin auf dem Monitor des Ultraschals zeigte, wie gut das Kind dort lag, war ich noch immer guter Dinge und fast zuversichtlich. Auch dann noch, als sie das Kind vermessen hatte und mir erklärte, >> Es ist eher etwas kleiner als 10. Woche. Laut Messung würde ich sagen, dass Sie in der achten Schwangerschaftswoche sind. Aber das hat nichts zu bedeuten.

<< . Sie schaltete ein anderes Programm am Gerät ein, um den Herzschlag zu überprüfen.

Da war kein Herzschlag. Sie suchte und handtierte mit dem Ultraschalstab in mir herum, aber sie konnte den Schlag des kleinen Herzchens nicht finden.

In dem Moment als sie sagte, sie würde gern eine Kollegin mit hinzuziehen, damit sie es erneut versuche, brach ein unbeschreiblicher Schmerz in meiner Brust aus. Ich begann schlagartig zu weinen und konnte mich eine gefühlte Ewigkeit nicht beruhigen, geschweigedenn einen klaren Gedanken fassen.

Alles, was dann geschah, lief ab ohne, dass ich wirklich begriff. Das Zellknäul in mir war bereits vierzehn Tage tot und saß fest in meinem Bauch, so, als würde es schlafen. Auch die zweite Ärztin konnte keinen Herzschlag hören und stocherte ein paar Sekungen in mir herum. „Schauen Sie, Frau Jungmann! Sehen Sie? Da bewegt sich leider nichts. Es lebt leider nicht mehr.", hatte sie mich immer wieder angesprochen. >> Ja, ich sehe das! Wieso willst Du, dass ich mir das angucke. Ja, ich sehe, dass mein Kind tot ist! <<, habe ich noch gedacht, konnte aber nur weinend nicken. Wollte sie sich absichern, damit ich nicht später verleugnen kann, dass es gestorben ist?

Für den darauffolgenden Montag schlug die Ärztin einen Termin zur Ausschabung vor. Erst jetzt nehme ich wahr, wie schwer es für mich war, mein Kind mit dem Wissen seines Todes noch weitere zwei Tage in mir zu tragen.

Und jetzt? Wie ist es jetzt, nachdem einige Zeit vergangen ist?

Die Leere in mir spüre ich deutlicher als ich sie vor der Wunschschwangerschaft wahrnahm. Als ich schwanger wurde, war da ein unwahrscheinliches Glücksgefühl. Alles ergab plötzlich einen Sinn. Das Leben ergab einen Sinn. Mein kleines, bedeutungsloses Leben empfand ich plötzlich als sinnhaft.

Mein Mann und ich haben es nun relativ gut einsortiert in den Alltag. Wir haben es gemeinsam genoßen, ein Kind zu bekommen und gemeinsam gelitten, als es wieder fort war. Ich weiß nicht, wie es ihm jetzt damit geht, was er an Erkenntnissen aus dieser Krise für sich mitnehmen konnte. Ich weiß jedoch, was ich, je mehr Zeit nun vergeht, verstanden habe. Alle Sorgen und Zweifel, die mich die letzten zwei Jahre begleitet haben, haben an Priorität verloren. Was mich geängstigt hat, ängstigt mich nicht mehr. Mit der Zeit nach dem Verlust kam die innere Stärke, die zur Zeit meine Ängste überschattet.

Die Demut dem Leben gegenüber ist wieder gewachsen und auch die Dankbarkeit darüber, was ich durch diesen schmerzvollen Verlust erkennen durfte. Ein Blick in die vergangene Zeit, in der ich mich mit Angst vor neuen Erfahrungen in Liebesdingen auseinandergesetzt habe, kommt mir heute so vor, als hätte ich nach Problemen gesucht, weil es keine gegeben hat.

2. IM KOPF IST ETWAS FALSCH VERKNÜPFT

2012...

Lena

Im Kopf ist etwas falsch verknüpft. Sobald ich Glück spüre, bekomme ich Angst und wehre mich. Mein Mann versteht mich nicht. Ich versteh mich nicht. Deshalb will ich noch einmal ran und weiter lernen, an mir arbeiten, damit ich meinen Mann nicht verliere und endlich Glück genießen kann. Es ist Freitag als ich endlich begreife, dass ich noch mehr tun muss. Seit meinem neunten Lebensjahr schlage ich mich bewusst mit mir herum – mal mit, mal ohne Psychologen – und immer dann, wenn ich glaube, jetzt ist alles überstanden, kommt das Leben und macht mir scheinbar einen Strich durch die Rechnung. Es scheint zu sagen: „ Ätsch bätsch - ! Dist noch lang nicht fertig mit dem Thema. Hier hast Du Deine nächste Lektion"

Es hat lang gedauert, bis ich akzeptieren konnte, dass ich wieder Hilfe benötige. Das ist gar nicht so leicht, wenn man über 15 Jahre Therapie hinter sich hat, sich stabil fühlt und erfolgreich in seinem Beruf ist. Ja, solange ich Single war, ging es nur bergauf. Klar, ich war auch einsam und so, aber die meiste Zeit habe ich mich angesehen und war stolz und zufrieden. Seit ein paar Monaten bin ich frisch verliebt und kann mir vorstellen, eine Familie zu gründen. Ja, ich weiß, das konnte ich mir immer schon und mit jedem meiner Freunde vorstellen. Dies ist aber dem Umstand geschuldet, dass mein Vater meine Mutter mit 19 Jahren geheiratet hat und sie auch nach 30 Jahren Ehe abgöttisch liebt. Ich dachte, mein Leben wird auch so verlaufen. Pustekuchen. Eine Enttäuschung jagte die andere. Ich wurde verlassen oder verließ selbst. Es gab immer etwas, das mir nicht passte. Vielleicht bin ich immer schon vor dem Glück geflohen. Ich halte es nämlich nicht aus. Es ist unerträglich, wenn etwas glücklich auf mich wirkt. Meine Mutter sagt, das war schon früher so, als ich klein war. Ich bereitete für mein Leben gern

Feste vor und wenn dann alles fertig war und alle sich freuten, kippte meine Stimmung in rasende Wut und lähmende Frustration. All das habe ich über die Jahre wunderbar in den Griff bekommen und nun? Jetzt bin ich bereit für eine Beziehung und habe mich doch wieder überschätzt. Ich habe genauso viel Schiss oder vielleicht sogar noch mehr als je zuvor. So war es schon immer, wenn ich in Beziehung mit einem Mann oder einer Frau war. In meiner letzten Beziehung beispielsweise, die jetzt drei Jahre zurückliegt, habe ich die Anfangszeit, die stets von Misstrauen und Angst vor dem Verlassenwerden geprägt ist, mit Alkohol und Drogen gut abschwächen können. Leider hilft das ganze Zeug aber jetzt nicht mehr – Drogen rühre ich schon eine ganze Weile nicht mehr an und Alkohol macht alles nur noch schlimmer. Das kann daran liegen, dass mein Mann sehr erwachsen und geerdet scheint. Er hält nichts von Destruktivität. So bin ich allein auf weiter Flur mit meinem kindischen Verhalten – und ich verhalte mich kindisch, finde ich, weil ich nicht verstehen kann, warum Glück und Normalität mir solche angespannten Zustände bescheren. Ich habe überlegt, ob ich flüchte, was ich zu gern tun würde, was mich aber nur kurzzeitig erleichtern würde, oder ob ich mich noch mal aufraffe und lerne, das Glück auszuhalten. Ich habe mich für Letzteres entschieden und habe nach langem Recherchieren und der Suche nach Empfehlungen, nun eine Psychologin angerufen, mit der ich an meinem Kampf ums Glück aushalten, arbeiten werde. Vielleicht hilft sie mir, zu verstehen, weshalb mir beständiges Glück so eine Heidenangst einjagt. Und meine heimliche Hoffnung ist auch, dass sie mir helfen kann, den Kampf zu gewinnen, sodass ich nach drei, vier Monaten Glück gar nicht mehr nach einem Haken suche, sondern genüsslich lächelnd feststelle, dass es immer noch wunderschön ist, im Glück zu schwelgen.

3. Eine spannende Klientin

Frau Jungmann

Als mich Lena anrief und völlig verheult in meiner Praxis nach Hilfe suchte, war ich eigentlich hoffnungslos überfüllt mit Klienten und auch die Warteliste war bereits voll. Ich kann nicht sagen, warum ich ihr trotzdem einen Termin gab. Es war ein Gefühl, dass Lena jemand ist, der wirklich etwas tun will, um ihre Lebensqualität zu verbessern. Wie oft habe ich Klienten in meiner Sprechstunde, die ausschließlich jammern möchten, ohne wirklich etwas an ihren Sorgen ändern zu wollen. Ich meine, es ist ok, denn manche Menschen fürchten Veränderung so sehr, dass sie in dieser Lebensphase nicht in Frage kommt – noch nicht zumindest. Aber für eine Psychologin ist es doch sehr viel dankbarer gemeinsam an Dingen zu arbeiten und Erfolgserlebnisse zu teilen. Ja, wir Psychologen sind eben auch nur Menschen. Eine hübsche junge Frau mit Sommersprossen und blonden verwuschelten Haaren empfing ich eine Woche nach unserem ersten Telefonat. Sie sah auf den ersten Blick entspannt und stark aus, aber das ist oft so bei meinen Klienten. Sie reichte mir die Hand, lächelte und hatte so eine Entschlossenheit in den Augen, die mich beeindruckte und mich in meinem Gefühl bestätigte, dass ich mit ihr definitiv Erfolge erzielen würde. Ja, ich kann sagen, ich freute mich schon jetzt auf unsere gemeinsamen Treffen.

4. Erste Sitzung

Frau Jungmann

„Am Telefon sagten Sie mir, Ihr Problem sei, dass sie Glück nicht aushalten, Lena. Können Sie mir das noch einmal genauer verdeutlichen?"

„Ich kann es versuchen, ja. Also seit ein paar Monaten bin ich mit einem neuen Mann zusammen. Wir haben uns über das Internet kennengelernt. Er hat mich einfach angeschrieben und ich habe mir sein Profil angesehen und mir nichts dabei gedacht. Ich habe einfach geantwortet und mich für seine Zeilen bedankt. Eine Minute später schrieb er wieder und so vergingen vier Stunden und 454 Nachrichten an diesem Abend bis in die Nacht hinein. Es gefiel mir, wie er schrieb. Er wirkte sehr ehrlich und offen und gar nicht so, als sei er nur auf flüchtige Kontakte aus. Wissen Sie, als ich mich bei dieser Partnerbörse anmeldete, habe ich es darauf angelegt, etwas Ernsthaftes zu finden. Ich bin ja auch nicht mehr die Jüngste und nachdem ich Ewigkeiten meinem Exfreund hinterhergelaufen war , um zu kitten, was noch möglich war, er aber nicht konnte oder nicht wollte oder dachte, ich könne noch ein bisschen zappeln, hatte ich beschlossen, dies abzuschließen. Nach meinem Entschluss – um genau zu sein, ganze 24 Stunden nach meiner Anmeldung dort – schrieb mich dann mein jetziger Freund an und ja, jetzt sind wir schon ein Weilchen ein Paar."

„Das ist doch grundsätzlich ganz wundervoll.", sagte sie. „ Sie sind verliebt, davon geh ich aus und nicht mehr einsam. Sie sagten mir am Telefon, dass es Ihr Wunsch sei, Kinder zu bekommen und ein Leben in Zweisamkeit zu führen. Nun also scheinen die richtigen ersten Schritte gemacht zu sein. Auf einer Skala von eins bis einhundert - wobei eins furchtbar unglücklich bedeutet und einhundert absolut im Glück nicht zu toppen - wie glücklich sind Sie gerade?"

Lena schaute lange aus dem Fenster, bevor sie mir antworten konnte. In ihrem Kopf war scheinbar der Teufel los. Mir kam der Gedanke, dass sie vielleicht das Leben an sich und vor allem sich selbst viel zu ernst nahm. Diesen Gedanken behielt ich jedoch vorerst für mich und wartete ihre Antwort ab.

„Ach Frau Jungmann, Sie stellen Fragen.", brachte Lena schließlich heraus. „ Ich kann das gar nicht klar beantworten."

Also fragte ich sie: „Nun, wie ist es jetzt in diesem Augenblick? Es geht wirklich nur um eine Momentaufnahme, Lena."

Sie überlegte, „Hm... dann würde ich sage, ohne groß zu überlegen, ...hmm...äh.....vielleicht vierzig?!"

Ich war überrascht und gleichzeitig war mir klar, dass sie nicht über fünfzig gegangen wäre. Nicht umsonst hatte sie mich aufgesucht.

„Also vierzig, ok. Können Sie mir sagen, weshalb vierzig?"

„Nun ja, ich wäre nicht hier, wenn ich es verstehen würde, oder? Eigentlich müsste ich zu 100% glücklich sein. Ich meine, mein Partner ist wundervoll mit mir und ich fühle mich so wohl und geborgen bei ihm. Er ist witzig und tiefgründig und herzensgut und emotional und so erwachsen. Er nimmt keine Drogen, hat scheinbar keine größeren Süchte – er raucht, das ist aber auch schon alles – ich sollte platzen vor Glück."

Ich setzte erneut an: „Lena, ich möchte mal anders fragen, auf einer Skala von eins bis einhundert. Wie sehr schätzen Sie ein, haben sie Glück denn verdient?"

Das hatte eingeschlagen. Lena senkte urplötzlich den Kopf. Ihre Augen füllten sich mit Tränen.

„Mein Kopf sagt gerade, ich habe mehr als 100% Glück verdient. Ich habe sehr viel Schmerzhaftes erlebt und mich durch viele kleine Höllen gekämpft. Ich habe es verdient, einmal wirkliches Glück zu erfahren, über einen längeren Zeitraum meine ich. Mein Herz dagegen oder besser eine Stimme in mir brüllt aber gerade >> Nichts hast du verdient, du dreckige Fotze. Du solltest dein Leben lang leiden, für das, was du anderen angetan hast. Du hast alles verdient, aber kein Glück <<." Lenas Stimme zitterte während sie sprach. Plötzlich wirkte sie verloren und mutterseelenallein. Ihre aufrechte Körperhaltung war dahin. Vor mir saß nur noch ein kleines trauriges Mädchen.

11

„Was meinen Sie denn, welche Stimme in Ihnen eher Recht hat?", fragte ich sie.

„Naja, ich würde sagen, beide ein bisschen." Lena wischte sich die Tränen aus den Augen und hob den Kopf wieder. Ihre Körperhaltung blieb jedoch eingefallen. Vor allem ihre Schultern waren verkrampft und nach vorn gezogen. Ich musste sofort an den Buchtitel *„Wenn Rücken Trauer tragen"* denken.

„Lena, wenn ich Ihren Mann fragen würde, ob und wie viel Glück Sie verdient haben, was würde er mir jetzt antworten?"

Lena richtete sich auf und lächelte fast. Ihre Antwort kam wie aus der Pistole geschossen. „Er würde sofort 100% sagen. Er würde sagen, dass ich eine wunderbare Frau und ein herzensguter Mensch bin. Er würde überhaupt die Frage als unnötig erachten, einfach, weil für ihn klar ist, dass ich Glück im vollsten Umfang verdiene."

„Und finden Sie, dass er Recht hat?", fragte ich.

„Ich wünschte, er hätte Recht, aber wer kann schon sagen, ob es wirklich so ist? Er ist verliebt in mich. Natürlich wünscht er mir nur das Beste."

Ich hakte nach, „Wenn Sie die Stimme in Ihrem Kopf hören, die Ihnen sagt, Sie hätten alles verdient, aber kein Glück, haben Sie eine Idee, warum sie so hart mit Ihnen ins Gericht geht?"

„Ich habe viele schlimme Dinge getan in meinem Leben, wissen Sie? Ich hatte drei Abtreibungen, habe früher meine Eltern bestohlen, war gemein und aggressiv zu den liebsten Menschen um mich herum und habe meine Familie in ein abgrundtiefes Drama gestürzt. Ich habe Angst, dass ich kein guter Mensch bin und es noch nie war, und dass ich dafür bestraft werde vom Leben. Wissen Sie, jetzt ist alles so wunderbar und ich fürchte, wenn ich mich darauf einlasse, dann kommt der Hammer und alles wird mir genommen, damit ich weiß, was ich anderen angetan habe. Ich glaube fest daran, dass alles im Leben auf einen zurückfällt.", erklärte mir Lena.

Nach dieser Offenbarung neigte sich unsere Sitzung dem Ende entgegen und ich erklärte ihr, „Lena, unsere Zeit für heute ist um. Ich möchte Sie bitten, Folgendes zu tun und die Hausaufgabe bis zu unserem nächsten Termin zu erledigen. Ich möchte, dass Sie mit der Stimme in Ihnen in

Kontakt gehen und den Dialog aufschreiben. Fragen Sie sie, wer sie ist und was sie von Ihnen braucht. Die Arbeit mit inneren Anteilen kennen Sie bereits, sagten Sie?"

„Ja.", antwortete Lena nur.

„Gut, dann setzen Sie sich zu Hause hin und schreiben Sie diesem inneren Anteil in Ihnen. Bringen Sie das Geschriebene zum nächsten Mal mit und dann sehen wir weiter. Soweit erst einmal!"

„Ja. Vielen Dank"

Lena verließ sichtlich erschöpft und gleichzeitig etwas leichter meine Praxis. Ich war froh, dass ich Feierabend hatte und keine weiteren Termine. Es würde eine interessante Arbeit werden, dessen war ich mir nun noch sicherer. Ich notierte mir >>Vergebung, Selbstvertrauen und Hingabe << und verließ müde meine Praxis.

5. Der innere Kritiker

Lena

Ich habe so aufgeatmet, als ich am Bahnhof endlich die Autotür aufmachen und meinen neuen Freund verlassen konnte. Das muss man sich mal vorstellen – und das in der schönsten Phase einer Beziehung – es kotzt mich so an. Mir war leichter und wohler für ein paar Minuten. Als wäre ich einer Gefahr entkommen, die mir bedrohlich nahe gekommen war. Vielleicht hätte ich meine Tabletten noch nicht absetzen sollen. Ich wollte mal schauen, ob es schon geht, ohne 10mg Citalopram täglich angenehm leben zu können, aber auch mein Freund sagt, dass es schlimmer geworden ist, seit ich sie vor 7 Tagen abgesetzt habe. Ich nehme sie jetzt wieder, aber gut, dass ich es versucht habe.

Im tiefsten Winter die Antidepressiva abzusetzen und dabei eine neue Bindung einzugehen, in der Vertrauen noch ein Fremdwort ist, war vielleicht wirklich auch keine gute Idee. Ob etwas Wahres dran ist an der Geschichte mit dem >>vertrau Dir selbst, dann kannst Du anderen vertrauen<<? Vielleicht geht es gar nicht um die Bindung zu jemandem, sondern eher darum, dass ich denke, ich habe Verletzungen verdient? Und dass, wo ein Mensch ist, in den ich verliebt bin, die Wahrscheinlichkeit steigt, dass er mir weh - tut, weil ich es ja sowieso verdient habe? Ich bin froh, dies nicht allein durchstehen zu müssen und ich habe gelesen, dass eine solche Bindungsangst überwunden werden kann. Es gibt Studien dazu. Das ist immer gut und macht Hoffnung, dass es sich lohnt, jetzt durchzuhalten. Ich werde einfach tun, was Frau Jungmann mir aufgetragen hat. Sie ist die Fachfrau und ich sehe gerade den Wald vor lauter Bäumen nicht. Es ist schon komisch, dass man bei anderen immer alles gut erkennen und durchblicken kann, bei einem selbst jedoch oft Filme ablaufen, die man zwar gut kennt, aber nicht umzuschreiben vermag, obgleich man die Regisseurin seines eigenen Lebens ist.

Therapeutische Hausaufgabe:

„Hallo Teil in mir, der mich aufs Schärfste kritisiert und verachtet. Wer bist
Du, dass Du davon überzeugt bist, dass ich kein Glück verdiene?"

„Du weißt, wer ich bin."

„Ach ja? Bist Du mein innerer Kritiker? Ich weiß, dass es in jedem von uns
so einen Teil gibt. Er hat uns, als wir Kind waren, davor beschützt, dass
wir nicht mehr geliebt werden. Bist Du dieser Teil?"

„Ganz recht. Der bin ich."

„Weißt Du, ich bin nicht sonderlich erfreut, zu sehen, wie du dich
verändert hast über die Jahre. Du hast mich einmal beschützt und nun
benimmst Du Dich wie ein richtiger Tyrann. Was habe ich Dir getan, dass
Du mir laufend erzählst, wie scheiße ich bin?"

„Du musst mir nichts tun. Durch Dich bin ich so geworden. Du hast doch
daran geglaubt, dass Du ein schlechtes Kind bist. Du hast geglaubt, Dein
Vater ist wegen dir und Deinem schlechten Benehmen nach Konstanz
gegangen. Du hast geglaubt, Deine Mutter ist wegen Dir so depressiv
gewesen. Du hast mich zum Tyrann und zum Herrscher über Dich
gemacht."

„Aber ich war ein Kind! Ich habe nicht gewollt – zu keiner Zeit – dass Du
mir solche gemeinen Sachen unterstellst. Ich möchte, dass Du auf der
Stelle damit aufhörst. Ich habe Glück verdient, so wie jeder andere
Mensch auch. Ich habe viele Fehler gemacht. Das ist korrekt, aber wer ist
schon fehlerlos? Fehler sind dazu da, um aus ihnen zu lernen und Dinge
anders zu machen! Zu keiner Zeit habe ich böswillig gehandelt. Im
Gegenteil, ich habe getan und gesagt, was ich als richtig empfand. Ich
weiß, man soll sich nicht auf einer Störung ausruhen, aber es gibt
Umstände, die mich haben handeln lassen, wie ich gehandelt habe."

„Was soll ich dazu sagen? Du hättest verhüten können, als Du Sex
hattest. Du hättest die Klappe halten können, als Du böswillige
Vermutungen hattest. Aber nein, Du musst immer und überall über alles
reden und heulst Dir die Augen aus dem Kopf, wenn Du mal wieder etwas
versaut hast."

„Schluss damit! Hör auf. Du erzählst nur Scheiße. Du hast absolut keine
Ahnung, was Du da erzählst. Du willst mir nur wehtun. Ein

herrschsüchtiger Tyrann bist Du. Du bist derjenige, der nicht nachdenkt. Du bist derjenige, der sich daran aufgeilt, mich schlecht zu reden. Glaubst Du wirklich, was Du da erzählst? Ich bin nicht sonderlich stolz auf vielerlei Dinge in meinem Leben, aber ich bin auch nicht gewillt, mich ständig und für immer zu schämen. Jeder Mensch hat eine zweite Chance verdient. Warum gönnst Du sie mir nicht?"

„Vielleicht tue ich das ja nur, weil ich mich fürchte, dass Du mich dann nicht mehr anhörst, mich vergisst und ich nie mehr nützlich sein werde für niemanden? Wer will das schon?"

„Ja, das verstehe ich, aber so, wie Du bist, schadest Du mir in einer Tour. Durch Dich denke ich permanent, dass ich nichts wert bin. Du bist doch ein Teil von mir. Wie kannst Du das wollen?

„Was kann ich denn sonst tun?"

„Sei wieder das, was Du einmal warst – mein Beschützer. Du hast immer dafür gesorgt, dass ich mich nicht in Gefahr bringe, hast mich dann ermahnt, wenn ich über das Ziel hinausgeschossen war im Eifer meiner kindlichen Suche nach Grenzen und hast so dafür gesorgt, dass ich mich zusammenriss, bevor mich niemand mehr lieb hatte. Jetzt ist es so, dass ich Deine Hilfe brauche, indem Du genau das Gegenteil machst. Ermahne mich zu Selbstwertschätzung und Toleranz mir gegenüber. Hilf mir, mich so zu akzeptieren und zu lieben, wie ich bin – gerade in Beziehung zu meinem Mann – wo ich schnell fürchte, nicht gut genug zu sein."

„Das ist eine große Überwindung. Ich bin doch darauf trainiert, Gemeinheiten zu verteilen."

„Ja, ich weiß, aber jeder von uns muss sich nun bemühen und an sich arbeiten, sonst werde ich nicht mehr mit Dir reden – nie wieder – ich brauche keinen Feind in meinem Kopf. Ich bin jetzt erwachsen und kann sehr wohl entscheiden, welcher Anteil in mir gehen soll, damit ich mein Ziel erreiche. Mein Ziel ist es, Glück genießen zu lernen und zu verstehen, dass ich es verdient habe. Also, hilfst Du mir dabei oder willst Du ausziehen?"

„Lieber helfen."

„Na also – das freut mich. Ich nenne Dich also ab jetzt und hier innerer Beschützer. Du bist nicht länger mein Kritiker, sondern mein Freund. Solltest Du das nicht hinkriegen, verbanne ich Dich. Hast Du mich verstanden?"

„Ja, ich habe verstanden"

„Dann ist es gut. Ich glaube daran, dass Du das schaffst. Mein Glück hängt davon ab, wie und ob Du Dich ändern kannst. Ich werde keine Gnade walten lassen, wenn Du mir diese wunderbare Beziehung mit meinem Mann ruinierst."

6. Zweite Sitzung

Frau Jungmann

Ich freute mich auf den nächsten Termin mit Lena. Ich war mir sicher, dass sie sich ausführlich mit der Hausaufgabe und den angesprochenen Themen auseinandergesetzt hatte. Ich hatte ihr Buch „Mein langer Atem" gelesen, nachdem klar war, dass wir beide nun eine gewisse Zeit miteinander arbeiten würden. Manch einer meiner Kollegen sah dies skeptisch und hätte mir lieber davon abgeraten. Es hat Vor- und Nachteile, vorab die Geschichte eines Menschen zu erfahren. Auch dieses Buch konnte nur eine Momentaufnahme sein. Die Veröffentlichung war bereits einige Zeit her und Hypothesenirrtümer könnten mir in die Quere kommen. Aber was soll ich sagen, ich hatte intuitiv gehandelt und meinem Instinkt vertraut. Meistens ist es genau das, was mich meine Arbeit gut und genau machen lässt. Ich begrüßte sie herzlich, „Hallo Lena, schön, Sie zu sehen. Wie ist es Ihnen in der Zwischenzeit ergangen? Sind noch Fragen aufgekommen nach unserer letzten Stunde?"
Lena antwortete, „Ja, es hat sich viel geregt. Ich habe mich mit meinem inneren Kritiker unterhalten. Sie konnten sich sicher denken, dass dies der Anteil ist, der mich so strafend auf mich herabblicken lässt."
„Nun, sagen wir mal so, es überrascht mich nicht wirklich.", gab ich zurück. Lena lächelte und fuhr konzentriert fort. „Ich habe ihm den Marsch geblasen, wie man so schön sagt, und ihn gebeten, sich mir zuzuwenden oder aber auszuziehen."
„Sehr gut, Lena. Wie geht es Ihnen nach dieser Übung?", fragte ich sie interessiert?
„Ich weiß nicht. Etwas ist anders jetzt.", überlegte sie, „ Ich habe das Gefühl, wieder mehr Kontrolle - oder besser, überhaupt ein bisschen Kontrolle - darüber zu haben, was ich über mich denke. Das macht mich innerlich ruhiger. Vorher war da das Gefühl, mir wieder ausgeliefert zu sein. Aber eins verstehe ich nicht, Frau Jungmann, warum tauchen diese Selbstzweifel jetzt wieder auf, wo ich in enger Bindung zu jemandem

stehe? Als ich Single war, ging es mir mit mir doch ausgesprochen gut. Jetzt, wo ein neuer Mann in mein Leben getreten ist, scheint es, als kommen alle alten Muster wieder hervorgekrochen. Das erschreckt mich so. Was ist da los bei mir?" Lenas Unruhe war geradezu greifbar für mich und so versicherte ich ihr,

„Liebe Lena, genau das können wir nur gemeinsam herausfinden. Wir sind dabei, dieses Rätsel zu lösen und damit diese Muster aufzulösen. Geben Sie sich Zeit und haben Sie etwas Geduld mit sich. Ich kann erst einmal nur so viel sagen, mir scheint, Sie haben in Ihrem Leben viel mit Ablehnung und Trennung zu kämpfen gehabt. Diese alten Erinnerungen werden wieder aktiviert, wenn Sie sich einem anderen Menschen so stark emotional nähern. Hinzu kommt, dass Sie sich vermutlich noch nicht verzeihen können, was ein paar Dinge in Ihrem Leben betrifft. Sie glauben, es nicht wert zu sein, geliebt zu werden – so, wie Sie sind – und daher sind Sie permanent wachsam und in Alarmbereitschaft, um darauf gefasst zu sein, wenn erneut ein Verlust droht. Das Problem bei der Sache ist, dass Sie wenig Geduld haben und daher gerade alles dafür tun, dass diese Liebe schnell beendet ist. So haben Sie wieder Ruhe und Gewissheit, dass Sie Recht behalten haben. Die Frage ist doch, Wollen Sie ihre Geschichte überschreiben oder wollen sie Recht behalten?"

Lena sah mich erstaunt an und dachte eine Zeit lang nach. „Will ich Recht behalten? Das ist eine interessante Frage. Prinzipiell nicht, aber auf eine Art bin ich ziemlich überzeugt davon, dass ich es wieder versauen werde, so wie immer."

„Stopp Lena!", unterbrach ich sie, „Reden Sie gerade oder ihr innerer Kritiker?" Lena sagte kleinlaut, „Er redet. Dabei habe ich es ihm verboten, so zu denken. Er ist doch jetzt mein Beschützer. Das habe ich klar mit ihm vereinbart."

„So schnell geht das nicht.", gebe ich zu bedenken, „ Sie müssen Geduld mit sich haben. Die Stimme in Ihnen ist seit 33 Jahren herangewachsen und hat sich gefestigt. Meinen Sie wirklich nach einem Mal Kontaktaufnahme ist die Sache getan und der Kritiker in ihnen verwandelt sich wieder zu ihrem Beschützer? Lena, wenn Sie Pech haben, wird er es nicht mehr lernen können und Sie werden dafür sorgen müssen, dass er nicht mehr unkontrolliert losplappern kann. Er ist nicht mehr Ihr Freund. Das müssen Sie begreifen."

Lena nickte und hörte aufmerksam zu. „Ich möchte Ihnen eine Frage stellen, Lena. Wenn ich Ihre Mutter fragen würde, woher Ihre Ängste kommen könnten, was würde sie mir sagen?" Aus Lena sprudelte es heraus, „Meine Mutter! Sie hat so viel erreicht in ihrem Leben. Sie sagte letztens, als ich ihr erzählte, dass ich mich in der Gegenwart meines Mannes wieder so verhalte, wie einst, riet sie mir, ich solle die Dinge mit einer gewissen Gleichgültigkeit betrachten lernen. Ich finde jedoch, dass Gleichgültigkeit keine gute Strategie ist, denn sie entfernt einen von dem Anderen und schafft eine Distanz, die auch ein Stück Nähe und Liebe fernhält. Gleichgültigkeit als Waffe gegen Verlustangst? Ich weiß nicht. Das fühlt sich nicht richtig an. Als ich ihr dies sagte und meine Meinung erklärte, gab sie mir Recht. Ich glaube, sie hat diese Strategie irgendwann verinnerlicht. Aber glücklich ist sie nach eigener Aussage auch nicht damit. Ich will keine Strategie lernen, um mich zu schützen. Ich will verinnerlichen, dass mein Mann keine Bedrohung für mich ist. Verstehen Sie?", fragte mich Lena eindringlich und fuhr dann fort, „Ich will akzeptieren lernen, dass es keine Garantie geben wird. Ich weiß nicht, wie sich mein Leben entwickeln wird und bei aller Furcht, dass die Geschichte wieder in einem Drama endet, laufe ich Gefahr, alle schönen Augenblicke mit ihm zu verpassen. Das ist doch nicht logisch."

Ich bemühe mich ihr zu erklären, „Es mag für Sie unlogisch sein, Lena, aber Sie tun dies nicht extra. Ich höre Ärger über sich selbst in Ihrer Stimme. Sie können am allerwenigstens dafür."

„Woher wissen Sie das?", wollte Lena von mir wissen und weinte plötzlich bitterlich. Ich gab ihr Zeit, sich zu fangen und hielt einen Moment ihre Hände fest.

„Als Sie lernten, dass es manchmal nichts gibt, was Sie tun können, um Menschen zu halten, haben Sie gedacht, wenn Sie sich mit dem Wind drehen, dann geht es doch. So haben Sie immer darauf geschaut, was der Andere von Ihnen erwarten könnte - und haben sich danach gerichtet, solange, bis Sie sich selbst nicht mehr gespürt haben. Wenn Ihnen das dann klar wurde, haben Sie wiederum den Anderen dafür verantwortlich gemacht, dass Sie sich für ihn aufgegeben haben und ihm vorgeworfen, dass er es einfach hat geschehen lassen. Verstehen Sie mich? Sie können doch nichts dafür, dass Sie aus der puren Not heraus versucht haben, geliebt zu werden! Aber Sie können anfangen, dieses Muster zu durchbrechen und Verantwortung dafür zu übernehmen, wie Sie Ihre Beziehung gestalten. Dabei kann ich Ihnen eine Stütze sein. Aber ich werde sie nicht dabei unterstützen, in Selbstvorwürfen zu baden. Bitte überlegen Sie sich bis zum nächsten Mal, was Sie wollen."

Ich lächelte Lena an, während ich klar und direkt mit ihr sprach. Ich glaubte zu wissen, dass sie genau das brauchte, um sich von ihren alten Mustern endlich verabschieden zu können. Nun war ich gespannt, ob Sie bereit war, sich zu lösen.

7. ALTE MUSTER

Lena

Ich versinke in meinem Kopf. Die kühle Luft tut mir sehr gut. Die Bewegung tut mir gut. Der Wald entspannt mich sehr. Ich bin immer glücklich, wenn ich mich zu einem Spaziergang aufraffe, denn das Denken geht leichter, wenn ich an der frischen Luft bin. Mir ist nicht klar, dass ich solch eine Entscheidung treffen muss, ja, überhaupt kann. Es war wieder einmal in Vergessenheit geraten, dass ich überhaupt die Wahl habe.

Mich von meinen alten Mustern lösen. Ich weiß, was Frau Jungmann meint, aber benennen kann ich es nicht recht. Was sind denn meine alten Muster in puncto Beziehung? Am besten ist es doch sicher, mit den frühesten zu beginnen, denn die prägen immer. Man muss nicht Psychologie studiert haben, um das zu wissen. Da es ja in meinem Falle um meine Beziehung zu Männern geht, gehe ich davon aus, dass mein Vater eine entscheidende Rolle spielt oder doch eher meine Mutter, weil sie mir vorgelebt hat, wie man sich Männern gegenüber verhält? Hm. Also vorsichtshalber beide anschauen. Meinen Vater habe ich sehr geliebt. Er war ein großes Vorbild für mich, denn er war in einer Beständigkeit ausgeglichen und ruhig, dass ich nie Angst hatte, er könne nicht auf mich aufpassen. Er schrie nie oder wirkte nie unbeherrscht. Naja, es gab eins, zwei Situationen, da habe ich es aber auch wirklich drauf angelegt. Er konnte mir Grenzen setzen, wenn es ihm wirklich reichte und ich konnte ihn ganz schön um den Finger wickeln. Dann kam eine Zeit – er ist nach Konstanz gegangen für einige Monate und kam nur am Wochenende nach Hause zu uns – da hab ich ihn nicht mehr leiden können. Ich war so böse auf ihn und enttäuscht, dass er uns einfach allein ließ. Ich hatte keine Erklärung für sein Weggehen und es kotzte mich an, dass wir beiden Kinder mit Mama allein waren. Sie war immer so schnell eingeschnappt und sauer und genervt und traurig. Es gab auch viele

Momente, in denen sie gut drauf war, da wiederum bremste mein Vater sie aus. Oder sehe ich das nur so, weil ich mich noch erinnere, wie Mutter oft über ihn fluchte. Sein Haus auf den Rücken schnallen und sich verpissen sollte er. Soweit ich mich zurückerinnere, hat sie ihn nie zurückumarmt, wenn er sie in den Arm nahm. Aber was grübele ich über meine Eltern herum? Ich bin erwachsen und habe ihnen längst verziehen, so wie sie mir verziehen haben. Da bekomme ich auch keine Erklärungen her, denn da ist schon alles an Gesprächen und Bearbeitung gelaufen, was gehen kann. Was sind meine alten Muster? Jemand verliebt sich in mich. Ich habe dann Rettungsphantasien und stelle mir vor, nun eine Art Helden an meiner Seite zu haben, den nichts umhauen kann, mich eingeschlossen. Ich hole diesen Jemand ganz dicht an mich heran, will mit ihm verschmelzen und für immer „in Sicherheit" bleiben. Dann schiebt sich aber in regelmäßigen Abständen mein innerer Kritiker dazwischen und raunt – erst hintergründig, dann so laut, dass ich ihn nicht mehr überhören kann – >>Der will nicht dich, du dumme Gans. Der will vögeln, mehr nicht. Du bist niemand, den man ernsthaft lieben könnte. Wie naiv bist Du eigentlich? Lernt er Dich erst richtig kennen, muss er brechen und nimmt reißaus. Sag nicht, Du hast etwas anderes erwartet. Wie kannst Du glauben, er könne Dich meinen? << Am Anfang versuche ich diese Stimme zu ignorieren und verhalte mich gleichzeitig so angepasst an den neuen Partner, dass dieser alles bekommt, um zufrieden zu sein und glücklich und mich so nicht verlässt. Ich konzentriere mich so sehr auf den anderen, dass ich vergesse bzw. nicht wichtig nehme, was ich brauche. Irgendwann wird es mir zu viel und ich bekomme keine Luft mehr. Dann stoße ich den anderen weg, indem ich Streit anfange, Abstand suche – mit der Begründung, ich könne keine Beziehung eingehen. Wenn ich den Abstand dann geschaffen habe, atme ich erst auf und sehne mich wenige Minuten später wieder so sehr nach dem anderen, dass ich sofort umkippe und wieder zurück will. Dieses Nähe - Distanz - Spiel läuft einige Monate. Dann bemerke ich, dass der andere gar nicht perfekt ist, denn es werden im Laufe der Zeit Seiten sichtbar, die mich erschrecken, weil sie nicht in meine Idealvorstellung passen. Je nachdem, ob mir jemand

Grenzen aufzeigt, also „Ich-Stärke" besitzt, behalte ich einige Zeit Respekt, der durchspült wird von Schuldgefühlen und Angst aufgrund meines launischen Verhaltens. Weitere Monate vergehen und wenn ich den anderen dann noch nicht vergrault habe, fallen mir mehr und mehr Fehler an ihm auf und ich beginne, mich zu distanzieren und zu endlieben. Ich gehe gerade hart mit mir ins Gericht und sicher gibt es bei all meinem Tun auch Umstände, die mich bislang daran gehindert haben, mich wirklich auf jemanden einzulassen. Beziehungen fühlen sich für mich ab dem zweiten Jahr an wie ein Kampf. Ich will gerade dann fort, denn ich spüre eine so große Angst vor dem Verlassenwerden, dass ich den Zeitpunkt des Verlassenwerdens schnell hinter mich bringen möchte. Anstatt, dass das Vertrauen wachsen darf und Verliebtheit zur Liebe werden kann, entziehe ich mich der wirklichen und reifen Liebe zwischen Mann und Frau. Wenn dann auch noch Gespräche fehlen, weil der andere nun mittlerweile müde geworden ist und aufgegeben hat, ist alles verloren und ich gehe fort. Bislang fand ich immer gute Gründe, nicht mehr mit jemandem zusammen zu sein. Vor allem das vergehende Kribbeln und der Wunsch die Schattenseiten eines Menschen, die jeder nun einmal hat, nicht sehen zu müssen, haben mich immer weiter ziehen lassen. Noch immer denke ich oft an Ben. Wir sehen uns nicht mehr und ich habe Schuldgefühle ihm gegenüber. Warum? Weil ich ihn verlassen und uns aufgegeben habe. Vertraute würden jetzt sagen, dass es wichtig war und mich fragen, weshalb ich so ein schlechtes Gewissen habe. Ich würde vermutlich darauf antworten >>Vielleicht ist es nicht das schlechte Gewissen, sondern die Unfähigkeit, loszulassen. << Ich lasse ungern los. Ich brauche immer recht lang, um mich an Dinge, Menschen und Situationen zu gewöhnen. Wenn ich dann vertraut mit ihnen bin, kann ich mich etwas entspannen, denn ich weiß nun in etwa, was mich erwartet. Was erwartet mich, wenn ich aufhöre, Angst zu haben? Mein Mann fragte mich einmal, ob ich denn jemals wirklich etwas tun musste, das ich absolut nicht wollte? Ich war erschrocken über diese Frage, denn er hatte mein Buch gelesen und hätte meiner Ansicht nach eigentlich wissen müssen, dass ich oft Dinge tat, die ich nicht wollte. Heute frage ich mich, ob ich mir da nicht etwas vormache. Habe ich wirklich jemals etwas getan, das ich absolut nicht wollte?

Will ich vielleicht meine Angst vor Nähe nicht loslassen? Was nutzt sie mir? Wozu ist es gut, Angst vor Nähe zu haben? Das werde ich gleich Frau Jungmann fragen, wenn ich wieder zu ihr gehe.

8. DRITTE SITZUNG

Frau Jungmann

Zu Beginn unserer dritten Sitzung betrat Lena voller Tatendrang mein Arbeitszimmer. „Sie wissen ja gar nicht, was mir seit unserem letzten Treffen alles durch den Kopf geschossen ist." Ich war erfreut, sie so zu sehen und sagte, „Hallo Lena, setzen Sie sich. Ich bin gespannt. Erzählen Sie!" Lena fragte mich, „Kann es wohl möglich sein, dass ich meine Angst für irgendetwas brauche?" und begann dann zu erzählen, „Vor ein paar Tagen gab es eine Situation, die ich nicht verstehe. Ich war bei meinem Mann und wir waren guter Dinge – darüber war ich sehr glücklich, denn die Tage zuvor war ich sehr zurückweisend und verhalten ihm gegenüber. Ich hatte meine Schutzmauer aufgestellt. Sie müssen wissen, ich kann sie wie ein Rollo hoch und runterfahren – nur manchmal klemmt sie. Jedenfalls hatte ich ihn dann etwas gefragt, was, spielt keine Rolle, und er antwortete so, als hätte ich zur rechten Zeit gefragt, um ihn zu entlarven. Was im Nachhinein völlig bescheuert ist, denn es gab in diesem Falle nichts, aber auch rein gar nichts zu entlarven. Wie Sie ja vielleicht wissen, warte ich noch manchmal darauf, ihn dabei erwischen zu können, dass er mich nur verarscht, verstehen Sie?"

Ich antwortete, „Nein, aber erzählen Sie erst einmal zu Ende!" Lena war so aufgeregt und angespannt, dass ich Mühe hatte, mich nicht anstecken zu lassen. Ich sehe selten jemanden, der so voller Eifer arbeitet und nachdenkt und abwägt und sich in Frage stellt. Diesmal bewunderte ich sie jedoch nicht dafür, sondern sah plötzlich ein kleines eifriges Mädchen auf dem Stuhl vor mir sitzen, das versuchte, sich die Welt zu erklären. Es musste sie manchmal sehr quälen.

„Ich habe die Kurve nicht mehr gekriegt.", sagte Lena dann, „Wie meinen Sie das?", hakte ich nach „Ich habe mich so verrannt in meiner Wahrnehmung, in meinen Glauben daran, ihn nun beim Lügen erwischt zu haben, dass ich schon sauer auf ihn war, obwohl sich mein Verdacht nicht bestätigt hatte. Es fühlte sich so an, als wäre ich mit dem Auto während eines Sekundenschlafs in den Graben gefahren und könnte mich nicht erinnern, wie ich da hineingeraten bin. Ich bin dann duschen gegangen – aber ich kam nicht wieder heraus aus dem Gefühl von betrogen worden sein – alles verstand ich dann falsch. Mein Mann konnte sagen, was er wollte, er war der Böse und hatte keine Chance mehr. Das ging solange, bis ich heulen musste, weil ich spürte, dass ich mich verrannt hatte. Nachdem ich richtig geheult hatte, ging es dann wieder. Nun konnte ich wieder wertfrei und offen hören. Weshalb gerate ich in solche Gräben? Ich habe in früheren Therapiesitzungen gelernt, ich solle meiner Wahrnehmung trauen. Doch in solchen Momenten, wenn ich wachsam und skeptisch bin, kann ich ihr nicht trauen."

Nach diesen bildhaften Schilderungen gab ich zu bedenken, „Lena, Sie sind ganz schön hart mit sich. Bitte vergessen Sie nicht, was Sie durchgemacht haben. Sie sind misstrauisch. Das ist unter den gegebenen Umständen ganz angemessen, wachsam zu sein. Bewerten Sie nicht alles über. Das Wichtige ist, dass sie hinausgekommen sind und erkannt haben, dass Sie auf der falschen Fährte waren. Bleiben Sie ruhig. Erkennen Sie, aber bewerten sie nicht. Was Ihre Angst betrifft, denke ich, geht es um Ähnliches. Akzeptieren Sie ihre Angst, dann kann sie kontrollierbarer werden." Ich hatte Lenas volle Aufmerksamkeit und stellte ihr nun eine kleine Denkaufgabe, indem ich sie fragte, „Lena, was wäre, wenn Sie sich nicht mehr verurteilen würden? Was wäre dann anders?" Die Frage hatte Lena sichtlich verwirrt und sie meinte, „Sie stellen ja Fragen, Frau Jungmann. Das ist schwer zu beantworten. Was soll ich da sagen...?" Lena rutschte auf ihrem Stuhl herum. Sie starrte mich fragend an, als müsse ich wissen, was die Antwort sei. Sie schaute mich an, als hätte ich sie gerade gefragt, warum ein Kaninchen keine Jogginghosen trägt. Sie schien tatsächlich nicht zu wissen, wie es ohne Selbstvorwürfe sein würde, also wählte ich eine andere Taktik. „O.k., ich frage einmal anders, was würde Ihr Mann jetzt sagen, wenn ich ihm diese Frage stellen würde?" Ich hatte beobachten können, dass es Lena leichter viel, sich wertfrei zu betrachten, wenn sie sich durch andere Augen sah. Sie überlegte, „Was wäre anders, ...was würde er sagen?" und antwortete schließlich, „Es tut mir leid – ich habe keine Ahnung." Um sie ein wenig zu unterstützen, schlug ich vor, „Nehmen wir eine Situation als Beispiel. Haben Sie eine parat?" Lena überlegte erneut, „Naja, als ich im Bett lag und geheult habe in der Situation, die ich Ihnen eben beschrieben habe, und mich so dermaßen darüber geärgert habe, dass ich mal wieder eifersüchtig war, da hätte ich mich ohrfeigen können. Als mein Mann mir dann nahe kam, konnte ich es nicht aushalten, denn ich dachte >> er kann mich doch nicht küssen, wenn ich so kindisch und bescheuert reagiere wegen nichts <<". Damit ließ sich arbeiten, dachte ich, also warf ich ein, „O.k., nehmen wir diese Situation. Was wäre gewesen, wenn Sie in dieser Situation mit Verständnis auf ihre Gefühle reagiert und einfach registriert hätten, dass Sie gerade eifersüchtig sind, ohne es zu verurteilen?" Lenas Antwort kam schnell, „Ich hätte auf jeden Fall erwachsener gewirkt und nicht wie eine kleine hysterische..." Ich unterbrach sie sofort, „Stopp Lena!" Sie hielt inne, kontrollierte sich, „Ach ja – sorry!" und fuhr dann bedächtiger fort, „ Ich hätte mich etwas distanziert von ihm, um mich zu sammeln. Am meisten hat mich ja meine Reaktion geärgert, nicht seine Aussage- glaube ich. Wenn ich mir selbst gesagt hätte >> Brauchst nicht eifersüchtig zu sein, denn Du sitzt nämlich gerade auf seinem Sofa und keine Andere <<, dann wäre diese Episode schneller vorbei gewesen und ich hätte nicht erst zu heulen brauchen, um mich wieder zu fangen. Irgendwie bin ich dann immer sechs Jahre alt und fühle mich ganz hilflos und unsicher und kriege Panik, weil ich rein gar nichts mehr unter Kontrolle habe.", erklärte Lena abschließend. Für unseren nächsten Termin gebe ich ihr eine neue Hausaufgabe mit. „ Ich möchte, dass Sie Ihr inneres Kind fragen, was es damit auf sich hat, dass es sich in solchen Situationen so stark bemerkbar macht. Sprechen Sie mit ihm darüber und trösten Sie es, wenn es Trost benötigt, begrenzen Sie es aber auch, wenn es meint, es dürfe bei Erwachsenenangelegenheiten mitreden. Und – Lena – Sie sind jetzt erwachsen. Sie wollen doch nicht ewig alles auf ein Trauma schieben, das eventuell passiert ist? Dann übernehmen Sie das Steuer. Kann es sein, das Ihre inneren Anteile zwar entlarvt sind, aber machen, was sie wollen?", fragte ich sie noch. „Ja, das kann sein!", lächelte mir Lena zu.

„Lassen Sie mich das nächste Mal wissen, was Sie mit ihrem inneren Kind besprechen konnten. Soweit erst einmal!" , beendete ich unsere gemeinsame Sitzung.

9. DAS INNERE KIND

Lena

„Meine Kleine. Ich schreibe Dir, weil ich das Gefühl habe, dass Du es bist, der wütet und rebelliert. Was ist los? Bist du noch immer der am meisten verletzte Anteil in mir? Ich frage Dich, weil ich in meinem Erwachsensein nicht das Gefühl habe, dass ich irgendwelchen Kummer habe zurzeit. Also, sag mir, was los ist! "

„Ich fühl mich so allein. Ich will zu Deinen inneren Helfern an Deinen sicheren Ort und nicht hier allein sein im Sonnenblumenfeld."

„Mäuschen, das ist doch kein Problem. Ich werde Dich in der nächsten Therapiesitzung rüberbringen. Ich dachte, ich hätte das bereits getan? Bist Du zurück gelaufen?"

„Ich bin zweigeteilt. Ein Teil ist hier im Sonnenblumenfeld und einer ist bereits dort. Das Sonnenblumenfeld ist nicht sicher. Ich fühle mich da bedroht. Du kommst auch gar nicht mehr dorthin."

„Ja, das stimmt. Wir ändern das. Ich brauche aber dazu Frau Jungmanns Hilfe, damit Du im Ganzen dort bleiben kannst. Dann ist mir natürlich auch klar, weshalb Du noch immer solche Ängste hast, vor allem, wenn ich mit meinem Mann zusammen bin. Einem Teil von Dir haben wir also schon das Gefühl von Sicherheit geben können. Aber wenn ich zu zweit bin, dann schaltet sich der ängstliche und bedrohte Teil in Dir ein. Ist das so?"

„Genauso. Ja. Wärst Du regelmäßig gekommen, so wie Du es versprochen hast, wüsstest Du es schon viel länger und hättest mich nachholen können."

„Es tut mir leid, Kleines. Es gibt keinen Grund mehr Angst zu haben. Ich dachte, das hättest Du verstanden? Ich beschütz Dich doch. Ich spüre oft Deine Aggressionen, gerade wenn ich mit meinem Mann zusammen bin. Was ist da los?"

„Ich will nicht, dass Du mit einem Mann zusammen bist. Du tust mir weh damit. Nie mehr soll ein Mann in meiner Nähe sein. Nie mehr – hörst Du?"

„Ja, ich höre Dich, aber das geht nicht Schätzchen. Du musst Dich leider darauf verlassen, dass ich mir nur noch Männer auswähle, die Dir nichts zu Leide tun werden. Ich bin da und höre Dich. Er ist nicht mit Dir, Kleines, sondern mit mir. Ich bin erwachsen und vielleicht hast du es noch nicht mitbekommen, aber es ist sehr viel Zeit vergangen. Du musst tatsächlich nie mehr Angst haben,"

„Wirklich?"

„Ja, meine Kleine, ganz wirklich. Es ist vorbei – die Gefahr, die Demütigungen, der Schmerz, der Missbrauch – das alles ist Vergangenheit und Du darfst aufatmen und einfach wieder Kind sein. Darauf gebe ich dir mein Wort."

„Ist das wirklich wahr? Warum hast du das nicht schon früher gesagt? Das ist ja großartig. Wann darf ich zu Deinem sicheren Ort?"

„Wenn ich das nächste Mal bei Frau Jungmann bin, ziehen wir um. Ich hole Dich ab und bringe Dich zu ihm. Da kannst Du dann mit ihm spielen und Quatsch machen und bist nicht mehr allein, auch, wenn ich mal nicht anwesend bin."

„Jaaa – ich freu mich schon! Ich brauche keine Angst mehr haben. Das ist so toll!"

„Ich hab Dich lieb, mein Engel. Alles ist gut. Danke, dass Du mir glaubst."

„Ich hab Dich auch so lieb."

10. Vierte Sitzung

Frau Jungmann

„Hallo Lena. Wie geht es Ihnen?" Lena sah entspannt und ausgeglichen aus. Das freute mich sehr. Es waren 14 Tage vergangen seit unserer letzten Sitzung. Sie hatte mir ihren inneren Dialog mitgebracht und ihn mir sofort zum Lesen gereicht. Ich hatte eine Gänsehaut nach der anderen, als ich ihre Zeilen las. Wundervoll, wenn einer die Techniken nutzt, die unlogisch erscheinen und manchmal albern, die aber doch so viel bewirken können. Ich drückte Lena meine Anerkennung aus, „Wow, Sie scheinen mittlerweile ein sehr vertrauensvolles Verhältnis zu Ihrem inneren Kind zu haben. In ihrem Buch - *„Mein langer Atem"* - konnte ich ja bereits mitverfolgen, wie sich Ihr Kontakt langsam aufgebaut hat. Er scheint stabil, das ist wunderbar. Und sagen Sie noch, was es mit den zwei inneren sicheren Orten auf sich hat? Das müssten Sie mir bitte kurz erläutern!", bat ich sie. „Ja, das hat mich auch überrascht.", begann Lena zu erklären. „ Es scheint so, als sei mein inneres Kind in zwei Hälften geteilt. Die eine Hälfte ist bereits an dem sicheren Ort, an dem Casimir - mein Krafttier – wohnt. Er ist ein Wal, der mir zuzwinkert und mir damit ein Stück Leichtigkeit schenkt. Er trägt mich, wenn mir das Leben gerade zu schwer scheint, um es allein schleppen zu können und springt neben mir her, wenn ich Dinge zu ernst nehme. An diesem inneren sicheren Ort gibt es Lavendelfelder und meinen weisen inneren Anteil, der Liebe verströmt und mein inneres Kind bekocht und mit ihm kuschelt. Dort wohnt auch Bibo. Kennen Sie die Sesamstraße?", fragte mich Lena. „Ja, natürlich,...Ach DER Bibo!", fällt es mir plötzlich wie Schuppen von den Augen. „Ja, DER Bibo.", gab Lena belustigt zurück. „Der lebt da jedenfalls auch und spielt mit meiner Kleinen und macht Quatsch mit ihr." Lena wurde plötzlich ernst und schaute einige Sekunden schweigend aus dem Fenster. „Dann gibt es den anderen sicheren Ort, den ich bereits viel früher für mein kleines Mädchen erschuf. An diesen Ort brachte ich sie, als sich für mich meine Vermutungen des Missbrauchs aufgeklärt hatten.

Ich nahm sie mit mir und brachte sie zu einem Sonnenblumenfeld mit einer Hängematte und einem Holzhäuschen mit Veranda. Als ich jetzt Kontakt zu ihr aufnahm , stellte ich fest, dass das Häuschen total verfallen war. An diesem inneren sicheren Ort ist alles trüb und irgendwie gruselig geworden. Der missbrauchte Anteil meiner Kleinen steht da noch und fühlt sich im Stich gelassen. Ich möchte sie gern nachholen zu Bibo und den anderen.", bat mich Lena. Ich wollte erst einmal von ihr wissen, „Was denken Sie, warum die Kleine dort allein geblieben ist, Lena?" Sie antwortete, „Ich weiß nicht. Vielleicht gibt es in dieser Sache noch etwas zu tun?", vermutete Lena. „Was könnte das sein?", fragte ich sie. „Naja, die Sache an sich ist nicht wirklich abgeschlossen. Sie kann nicht abgeschlossen sein, denn es gibt keine klaren Bilder bezüglich der Person, die mir wehgetan hat. Es ist eine schwere Last für alle Beteiligten, mit der wir alle leben müssen.", erläuterte sie mir. Ich gab zurück, „Das mag sein. Und wissen Sie, was ich noch glaube?" Interessiert fragte sie, „Nein. Was denn?" Ich fuhr fort, „Ich glaube, dass der Anteil in Ihnen, der noch im Sonnenblumenfeld ist, nicht weiß, dass es vorbei ist." „Wie meinen sie das, vorbei?", wollte Lena wissen. „Lena, Sie haben alles getan, was Sie in solch einer furchtbar ungewissen und quälenden Situation hätten tun können. Der aktuelle Zustand ist der, mit dem Sie nun zu leben lernen müssen. Es wird keine weitere Aufklärung geben können. Sie haben für sich gesorgt und alle anderen Beteiligten haben die gleiche Aufgabe vom Leben gestellt bekommen. Für sie können Sie nichts mehr tun. Sie mussten tun, was möglich war, um Ihr inneres Kind zu schützen. Manche Anteile in uns – gerade die verletzten Anteile – haben nicht mitbekommen, dass viel Zeit vergangen ist und sie nun erwachsen geworden sind. Ich denke, dass es wichtig ist, zu diesem Anteil im Sonnenblumenfeld Kontakt aufzunehmen und ihm zu sagen, dass es vorbei ist. Wollen wir das heute tun?", fragte ich sie. Als Lena meine Frage bejahte, fuhr ich fort, „Gut. Dann möchte ich, dass Sie sich nun bequem hinsetzen oder legen und die Augen schließen. Atmen Sie ruhig und tief in den Bauch und lassen Sie Ihre Gedanken ziehen – wie Wolken am Himmel - . Nun gehen Sie bitte in Gedanken zu Ihrem verletzten Anteil und sagen Sie mir, wenn Sie dort sind, was Sie sehen!" Lena beschrieb mir nun, was sie vor ihrem inneren Auge sah. „Ich sehe sie. Sie wartet schon auf mich. Sie sieht ganz verängstigt aus, doch sie lächelt leicht, jetzt wo ich vor ihr stehe." Ich führte Lena weiter, „Das glaube ich, dass sie sich freut, Sie zu sehen. Fragen Sie sie bitte, ob sie weiß, dass sie umziehen wird." Lena erklärte mir daraufhin, „Das brauche ich sie nicht fragen. Sie weiß es. Sie hat einen kleinen Koffer dabei." Ich erwiderte, „Ah, o.k. Trotzdem möchte ich Sie jetzt bitten, ihr zu sagen, dass viele Jahre vergangen sind und dass keine Gefahr mehr für sie besteht. Sagen ,Sie ihr, dass Sie sie jetzt mitnehmen zu einem noch viel schöneren Ort, wo sie viele Spielkameraden haben wird und der weise Anteil da sein wird, der sie bekocht und mit ihr kuschelt. Die weise Frau , die immer für sie da sein wird, auch wenn sie einmal nicht mit dort sein können. Sagen Sie ihr, dass dort ein anderes glückliches kleines Mädchen auf sie wartet, das so gern eine Spielgefährtin hätte." Es vergingen einige Minuten, in denen Lena still zu ihrem inneren Kind sprach. Dann berichtete sie mir, „Sie hat mich gefragt, ob ich denn wüsste, wie sehr sie sich schäme. Ich habe gesagt, ja, das wüsste ich, aber es gebe keinen Grund dazu, sie treffe keine Schuld. Dass es zwar furchtbar sei, aber es in diesem Fall keinen Schuldigen gebe.

Sie ist ein kleines Mädchen und ihr ging es furchtbar schlecht. Ich habe die Verantwortung für das, was dann geschah. Ich habe den Mund aufgemacht und nicht sie. Ich habe vor sechs Jahren meiner Mutter erzählt, dass ich nach einem Gespräch mit DEM Bekannten gefühlt habe, es sei nun mein Verdacht des Missbrauchs bestätigt und ein Täter dazu gefunden. Und sie hat es offen gemacht, hat den Bekannten konfrontiert, ihn zur Rede gestellt. Ich finde es auch schlimm, dass ich es nicht einfach noch für mich behalten habe, aber ich habe es nicht besser gewusst. Vielleicht hätte sich alles in Wohlgefallen aufgelöst. Nun ist es eben, wie es ist. Sie trifft keine Schuld. Sie darf jetzt fröhlich sein." Lena weinte leise hinter ihren geschlossenen Augen. Es berührte mich. „Gut so, Lena. Gehen sie nun mit der Kleinen zu Ihrem inneren sicheren Ort. Es ist gut.

Sie benötigen den ersten sicheren Ort nicht mehr. Er war auch nicht mehr sicher, hab ich recht?" Lena nickte. „Ich habe sie jetzt an der Hand und wir gehen gemeinsam zum sicheren Ort. Die Kleine wirkt immer leichter, je weiter wir uns entfernen. Jetzt sind wir da. Sie stürzt zu Bibo und der Weisen und alle freuen sich." Fast nicht sichtbar lächelte Lena plötzlich und gern hätte ich auch gesehen, was da gerade vor ihrem inneren Auge ablief. Ich ließ ihr wieder Zeit.

Es vergingen etwa fünf Minuten bis ich das Schweigen und damit das unsichtbare Schauspiel in Lenas Kopf unterbrach. Das fiel mir schon immer sehr schwer bei meinen Klienten. „Lena, kommen Sie nun langsam in den Raum zurück. Verabschieden Sie sich von Ihren inneren Anteilen und sagen Sie Ihrem verletzten Anteil noch einmal, dass die Zeit der Scham und Schuld zu Ende ist. Hier wird die Kleine jetzt bleiben und es wird für sie gesorgt sein – zu jeder Zeit. Versprechen Sie ihr das jetzt und öffnen Sie dann bitte die Augen." „Da kommt sie aber gerade." Ich fragte sie, wer da komme. „Na der andere Teil meiner Kleinen. Sie ist ganz scheu und jetzt weint sie." Lena schluckte und wurde etwas unruhig. Hach, ich konnte doch jetzt nicht mitten im Prozess unterbrechen. Gleichzeitig wartete draußen bereits der nächste Klient. Ich entschied, wie so oft, intuitiv und ließ es geschehen. Also fragte ich nach: „Warum weint sie? Können Sie es sehen?" Jetzt lächelte Lena leicht und wieder durchfuhr mich ein kleiner Schauer. „Sie weint vor Freude und Dankbarkeit. Sie sagt, sie habe schon so lang halb sein müssen und nun sei sie endlich vollständig und frei. Oh Gott, ist das schön!" Ich war erleichtert und musste ebenfalls schmunzeln – diesmal wegen meines inneren Konfliktes bezüglich meines ewigen Problems des Zeitmanagements. Manche Dinge lösten sich eben doch einfach auf, wenn man seinem Gefühl traute. Als Lena die Augen öffnete, sah sie noch entspannter aus als kurz nach ihrem Kommen. Sie strahlte und sah dabei so weich und hübsch aus, dass ich sie am liebsten umarmt hätte. Aber ich spürte, dass unsere Beziehung noch nicht soweit war. Es würde kommen. Da war ich sicher. Im Gegensatz zu manchen meiner Kolleginnen und

Kollegen finde ich Umarmungen überhaupt nicht unprofessionell. Ich denke, dass man solche Beziehungsverstärker so oft es geht anwenden sollte, denn das stärkt und ermutigt und lädt zu Offenheit ein. Ich glaube ja, dass manche Kolleginnen und Kollegen Angst vor Schutzlosigkeit haben oder Angst, der Klient könne sich mehr erhoffen als „nur" eine Therapie. Ich wundere mich manchmal, wie arrogant und überheblich das eigentlich gedacht ist - .

Lena geht und ich gehe auch – nämlich zu meiner nächsten Klientin.

„Guten Tag Frau Siebert..."

11. EIN HOCH AUF DIE GRAUTÖNE

Lena

Vermutlich ist das, was ich gerade erlebe, das normale Leben in Grautönen. Es gibt kaum mehr dramatische Szenen, kaum noch Verlustängste, obgleich wir uns manchmal Tage nicht sehen, weil er beispielsweise lernen muss oder ich arbeiten bin. Das fühlt sich komisch und gleichzeitig angenehm ruhig an. Ich bin verwirrt und frage mich, ob das jetzt das ist, was alle Menschen fühlen. Da muss ich an eine Geschichte denken, die ich vor einiger Zeit geschrieben habe:

Die silberne Zahnbürste

Einmal, so habe ich gehört, lebte eine silberne Zahnbürste, nicht weit weg von hier. Sie hieß Selma. Sie war schön anzusehen, denn sie glänzte in ihrem Silber so entzückend, dass die Anderen sich den Hals auf der Strasse nach ihr verrenkten. Die Zahnbürste aber war totunglücklich, denn so gern sie auch betrachtet und für ihre Anmut bewundert wurde, niemand wollte sie als das nutzen, was sie war, nämlich - eine Zahnbürste. Alles hätte sie dafür gegeben, um einmal in ihrem Leben den Zweck erfüllen zu dürfen, für den sie geschaffen war. Und hätte sie nicht eine Freundin gehabt, die sich immer wieder Selmas Unverständnis geduldig anhörte, Selma hätte sich vermutlich längst ins Klo gestürzt. "Niemand will mich, Laura!" "Das stimmt doch nicht!", stampfte Laura auf. Das hatte ihr schon viel Ärger eingebracht. 753 Mal musste sie schon umziehen, weil es ungünstig ist, wenn Badewannen aufstampfen. Meist geht etwas zu Bruch oder die Untermieter beschweren sich. Auch diesmal hörten die zwei Freundinnen, die wie jede Woche bei Tee und Keksen saßen, den Nachbarn aus der darunter liegenden Wohnung mit dem Besenstiel Ludwig - den das langsam ankotzte - aber das ist eine andere Geschichte, gegen die Decke poltern. "Du bist eben edel, Selma. Dich bewundern doch alle." "Aber ich will nicht bewundert werden.

Außerdem gucken mich immer alle an, als wenn ich nicht richtig wäre. Ich will sterben!" Laura wurde wieder wütend, verkniff sich jedoch einen weiteren Stampfer. "Es gibt tausende von Leuten, die Zahnbürsten brauchen können. Auch für Dich wird sich jemand finden. Du bist eben silbern und Silber hat man lieber, wenn es blank geputzt in der Vitrine steht." Selma zog am Abend betrübt von dannen.

Da sie noch keine Lust hatte, nach Hause zu gehen, lief sie so lang durch die Strassen, bis die Morgensonne ihre ganze Pracht in den Himmel reckte. Selma hielt inne und schaute der Sonne beim Strahlen zu. Sie war so wunderbar warm und tat so unendlich gut. "Dich holt auch keiner vom Himmel und du strahlst da so allein vor Dich hin. Macht Dich das nicht traurig?" "Nö - wieso sollte es das? Ich bringe jedem, der mich sieht, Freude und bekomme so viele Lächeleien, direkt in meine Visage, dass mir manchmal ganz schummrig wird und ich mich lieber hinter den Wolken Bernd und Elias verkrümle. Aber Du siehst fertig aus, Schätzchen, was ist denn bei Dir los?" "Ach", sagte Selma leise, "ich bin doch ne Zahnbürste, siehste ja, ne?! Niemand will mich aber für das nutzen, was ich aber nun mal bin.

Ich bin zum Zähneputzen da!" "Sagt wer?" "Na ich sage das." Selma verstand nicht ein bisschen, warum sich die Sonne (gelbe Sau, dachte sie heimlich) so dumm stellte. "Hör mal Schätzchen, ich weiß ja nicht, warum Du Dich selbst nur als Werkzeug siehst, aber ist Dir vielleicht schon mal der Gedanke gekommen, dass Du den Anderen auch nutzt, wenn sie Dich strahlend durch die Strassen laufen sehen? Ich habe sie schon oft beobachtet und gehört, wie sie bewundernd gesagt haben: Wow, was für eine einzigartige Schönheit. Das ist auch wichtig. Du bist wichtig! Vielleicht hast Du selbst einfach Deinen Nutzen noch nicht erkannt."

Warum ich gerade jetzt an diese Geschichte dachte? Ich fühle mich oft nutzlos. Viele sagen mir, ich sei so einzigartig und bewundernswert. Aber niemand will wirklich etwas mit mir zu tun haben. Ich denke noch immer zu sehr daran, anderen zu gefallen und dazu gehören zu wollen. Das macht mich abhängig und dadurch schränkt es mich in meiner Freiheit und in meinem Selbstvertrauen ein. Ich fürchte mich vor meiner eigenen Bedeutungslosigkeit in dieser Welt. Ich möchte wichtig sein und genutzt werden – ich bin besonders und dadurch einsam. Ist doch bescheuert, sich selbst nicht würdigen zu können. Dadurch will ich immer Beweise, dass ich gewürdigt werde und mache dadurch sehr viel kaputt. Das versuche ich auch immer meinem Mann zu erklären.

Kaum aber ist die Angst vor zu wenig Bedeutung und Normalität ausgesprochen, inszeniere ich sofort wieder ein kleines Drama. Dabei mache ich dies nicht bewusst, sondern es geschieht einfach. Das ist doch verrückt. Gestern Abend zum Beispiel: Ich freue mich wie wahnsinnig, dass mein Mann am Abend zu mir kommt. Ich bin aufgeregt und in freudiger Erwartung. Dann ist er da und ich nehme ihn kaum wahr. Alle Freude ist weg und Wut steigt in mir auf. Ja, ich bin sauer auf ihn, dass er da ist. Ja, ich bin sauer auf ihn, dass er nicht erkennen lässt, dass er genauso Sehnsucht nach mir hatte und hat, wie ich nach ihm. Ich liege also auf der Couch und schaue fern und bin in mich gekehrt. Panik steigt hoch, dass ich jetzt was tun muss. Ich fühle mich verlassen und will nicht mehr mit ihm zusammen sein, damit ich mich nicht mit diesen zwiespältigen Gefühlen auseinanderzusetzen brauche. Er kann nicht damit umgehen, dass ich nicht weiß, was gerade mein Problem ist und zieht sich ebenfalls zurück. Ich beginne, ihm Vorwürfe zu machen, „ Warum bist Du eigentlich hier, wenn Du doch lernen musst? Es kotzt mich an, dass Du immer noch nicht geschieden bist! Ich will nicht mit Dir zusammen sein, weil es anstrengend für mich ist diese ewige Entbehrung auszuhalten, wenn Du nicht bei mir bist und dann wieder ganz nah sein zu müssen. ZU MÜSSEN!" Das habe ich tatsächlich gesagt und erschreckender Weise auch so gemeint. Was ist da los bei mir? Wenn wir uns ein paar Tage oder manchmal auch nur einen Tag nicht sehen, dann bin ich immer wie zurückgeworfen auf mich selbst – igle mich ein, spalte meine Liebe zu ihm ab, damit es nicht so weh tut, wenn wir nicht zusammen sind. Ich schütze mich, dabei ist er gar keine Bedrohung für mich. Dann später am Abend im Bett – wir haben geredet und geredet und ich hab geheult – übernimmt er die Initiative, um aus dieser Sackgasse herauszufinden und kommt mir nahe. Ich bekomme einen Wutanfall und heule bitterlich, will nicht berührt, nicht geküsst werden und sehne mich gleichzeitig so sehr nach seiner Nähe. Ich bin ein einziger Widerstand und hasse mich dafür. Plötzlich tauchen Bilder aus der Vergangenheit auf. Plötzlich sehe ich mich früher, als mein Vater mich/uns verließ um nach Konstanz zu gehen. Ich habe ihn so dafür gehasst, dass er mich mit meiner Mutter allein ließ. Sie war damals richtig depressiv und oft sauer auf mich. Er – mein Halt, mein Erlöser – ging einfach fort und ließ mich mit diesem traurigen Menschen allein. Als ich mit dem Heulen fertig war, schlief ich sofort ein. Am Morgen war das Gefühl der Wut noch immer da, das Bedürfnis meinen Mann wegzustoßen und mich im Elend zu verlieren. Große Angst kraucht immer wieder meine Kehle hoch und zischt mir zu, >>Es ist nur eine Frage der Zeit, dann haut er auch ab und lässt Dich stehen. Warte nur, so wird es kommen<<.

Manchmal bin ich ganz ohnmächtig und habe keinerlei Kontrolle über meine Gefühle mehr. Ich schäme mich so dafür. Was lässt mich so kindliche Angst verspüren und noch viel wichtiger, wie werde ich sie los? Ich könnte verrückt werden, wenn ich es nicht schon wäre. Ich habe meinen Mann nicht verdient. Ist das die altbekannte Bindungsangst, frage ich mich? Plötzlich fällt es mir wie Schuppen von den Augen. Natürlich, hier ist es, mein altes Muster. Dabei wusste ich nicht, was Frau Jungmann in der letzten Sitzung gemeint hat. Ich steuere die neu gewonnene Liebe, wie immer, geradewegs in den Abgrund. Erschrecken und Erleichterung machen sich breit. Gott sei Dank habe ich es erkannt, bevor das Kind in den Brunnen gefallen ist. Oh mein Gott! Bindungsangst, na klar, denke ich mir. Ich bin froh über diese Erkenntnis und gleichzeitig wird mir wieder einmal klar, wie viel Arbeit noch vor mir liegt. Welche Schritte gilt es jetzt zu tun? Zum Glück gibt es Frau Jungmann, die mir mit Rat und Tat zur

Seite stehen wird. Das alles muss ich ihr sofort erzählen, wenn ich das nächste Mal bei ihr bin.

Frau Jungmann

Als Lena das nächste Mal kam, war sie völlig aufgelöst. Sie sah so traurig aus und schien so durch den Wind, das ich zum ersten Mal verstand, wie verwundbar sie doch noch war und wie haltlos.

„Hallo Frau Jungmann, es ist alles wieder da", sagte sie schluchzend, „ Wir sind noch gar nicht so lange zusammen und ich suche jetzt schon nach allem, was irgendwie stören könnte. Ich will ihn regelrecht loswerden und spüre, wie ich mich immer mehr zurückziehe und ihm Vorwürfe mache. Ich sehe seine Qualitäten kaum noch, sondern nur seine Mängel. Daher habe ich mal etwas recherchiert und im Netz gesucht und da habe ich das passende Stichwort gefunden. Ich habe Bindungsangst, ganz dolle Bindungsangst und er macht gar nichts falsch. Ich bin die, die alles versaut mit ihrer Scheißangst vor Nähe. Ich will aber gar nicht so sein. Ich will ihn lieben und mit ihm leben. Frau Jungmann, wissen Sie was das vor allem bedeutet?", fragte mich Lena. Ich schüttelte gelassen den Kopf. „Nein, Lena, was bedeutet es denn?" „Ich habe immer gedacht, ich hätte den richtigen Mann noch nicht gefunden. Ich bin immer weiter gezogen und habe mich getrennt oder es so weit getrieben, dass die Männer sich von mir trennten. Jetzt weiß ich, dass immer ich diejenige bin und war, die durch ihre Bindungsangst alles zerstört hat. Die anderen waren gar nicht falsch, sondern ich!" Lena schlug die Hände vors Gesicht und weinte bitterlich. Ich ließ sie einen Moment gewähren, dann fragte ich sie, „Haben Sie bei Ihren Beziehungen vorher gewusst, dass es sich um – wie Sie sagen – Bindungsangst handelt?" Nun war es Lena, die den Kopf schüttelte. „Nein. Das weiß ich erst jetzt. Zumindest war es mir nie so bewusst und deutlich wie jetzt!" Und so erklärte ich ihr, „Dann können Sie es sich sparen, sich Vorwürfe zu machen. Seien Sie froh, dass Sie nun wissen, was Sie erkannt haben, denn so können Sie es jetzt anders machen. Wissen Sie Lena, nichts geschieht zufällig. Daran glaube ich fest. Erkenntnisse kommen immer zur rechten Zeit und ob wir sie dann nutzen oder darüber weinen, dass sie uns nicht früher gekommen sind, das ist dann unsere Entscheidung. Haben Sie entschieden, was Sie tun wollen?", fragte ich sie. „Sie meinen, jammern oder etwas aus der Erkenntnis was machen?" Ich nickte und kannte ihre Antwort bereits. „Sie wissen, dass ich nie klein beigeben würde." Ich setzte noch einen drauf, „ Ja, das kann ich mir denken. Aber jammern tun Sie auch sehr gerne." Jetzt funkelten Lenas Augen richtig giftig und eine Sekunde später schmollte sie vor sich hin. Ich musste schmunzeln. Ich habe im Laufe meiner Berufspraxis erfahren dürfen, dass hin und wieder eine kleine Provokation dabei helfen kann, über den eigenen Schatten zu springen. In meinen Augen war Lena ein Mensch, dem man einmal richtig Kontra geben musste, damit sie zurück auf ihren Weg fand. Ich glaube, das haben alle Borderliner gemeinsam, ob nun trocken oder nicht. Ich wollte ihr ihre Situation in Perspektive setzen und erklärte ihr, „Lena, jetzt mal im Ernst. Sie steigern sich da gerade wieder in ein Dilemma hinein, ohne wirklich zu überlegen. Was meinen Sie wie viele Menschen es gibt, die mit Bindungsangst Beziehungen führen? Bis zu 25 Prozent aller Beziehungen leiden darunter. Also sind Sie erst einmal nicht allein damit. Schieben Sie das nicht auf ihre frühere Erkrankung. Sie erkennen Ihr altes Muster; manche Menschen tun das nie. Ich kann nur sagen >> Herzlichen Glückwunsch<<! Jetzt hören Sie erst einmal auf zu weinen und beruhigen Sie sich." Ich reichte ihr ein Taschentuch und sie nahm es. „Wie drückt sich denn diese Angst bei Ihnen aus? Fangen wir doch erst einmal damit an. Warum glauben Sie, haben Sie eine Bindungsangst?" Lena überlegte, „Naja, also ich war jetzt zwei Jahre lang Single. Es hat mir nie wirklich dauerhaft gut gefallen, zumal ich nicht in der Lage bin und war, Liebschaften zu haben, die ohne Gefühl sind. Gleichzeitig habe ich mich mit mir selbst gut stabilisiert und komme nun gut mit mir allein zurecht. Dann habe ich meinen Mann kennengelernt und wusste schon zu dieser Zeit, dass ich einmal eine Familie gründen möchte und das auch bald. Wir lernten uns kennen und ich habe mich relativ schnell in ihn verliebt. Als ich ihn das erste Mal bei ihm zu Hause besucht habe, hatte ich plötzlich

furchtbare Panik. Ich hatte das Gefühl, ich bin nun gefangen und kann nicht weg, wenn ich will. Auf einmal schob sich eine Mauer zwischen ihn und mich und ich wollte wegrennen und ihn wegstoßen. Gedanken wie, >>Oh Gott, was passiert hier? Das ist gefährlich Lena. Gefahr! Gefahr! Gefahr! <<, schossen mir in den Kopf und ich habe heulen müssen. Seither ist mir das sehr oft passiert und ich verstehe nicht, warum ich das, was wir haben nicht genießen kann. Ich bin so wachsam und misstrauisch, sauge mir Fehler aus den Fingern, suche nach Gründen, weshalb wir doch nicht zusammenpassen. Und wenn ich die Ruhe und das Vertrauen zwischen uns wahrnehme, habe ich Sorge, es ist nun langweilig mit mir. Ich habe das Gefühl, ich müsse dann Leistung bringen, mich besonders machen, Highlights schaffen. Rund um die Uhr, damit er bleibt. Ich habe gelesen, dass ...ach warten Sie. Ich habe dazu etwas im Netz gefunden. Lena holte einen Zettel heraus und hielt ihn mir hin.

Sie verlieben sich wahrscheinlich meist sehr heftig und gern auch auf den ersten Blick. Dann schweben Sie auf Wolke Sieben und sind sich sicher, den Traummann gefunden zu haben. Es folgen Monate voll Glück und Leidenschaft. Doch irgendwann kommt jede Beziehung in ruhigere Fahrwasser – und genau diese Ruhe ist für Sie wie Stillstand, und Sie finden sie unerträglich. Plötzlich entdecken Sie tausend kleine und große Fehler an dem Partner und trennen sich schließlich in dem Glauben, dass es wohl der Falsche war.

Ein erster Schritt aus dem Teufelskreis könnte es sein, dass Sie tief in Ihrem Innern eine große Angst vor Abhängigkeit haben und deshalb lieber abspringen, bevor die Beziehung zu verbindlich wird? Menschen ohne Beziehungsängste genießen es, wenn die aufregende Phase der Verliebtheit in das ruhige Gefühl von Vertrauen und Liebe übergeht. Und sie entwickeln im Laufe der Beziehung eine liebevolle Toleranz für die Schwächen des Partners: Er kann nicht kochen? Egal, dafür repariert er alles. – Er hasst Familienfeiern? Dann geht er eben nur auf die wichtigsten. Es könnte sein, dass Ihr Blick von allein milder wird, wenn Sie sich trauen, sich Ihrer Furcht vor einer festen Beziehung zu widmen.

Als sie sah, dass ich fertig gelesen hatte, sagte Lena eindringlich zu mir, „Ich habe Angst Frau Jungmann. Ich habe jetzt erkannt, dass ich die ganze Zeit vor echter Nähe weggelaufen bin und fürchte, dass ich es wieder tue. Ich möchte aber nicht mehr fortlaufen. Was mache ich denn jetzt?" Ich erwiderte, „Erst einmal bleiben Sie ruhig, Lena. Sie haben doch erkannt, dass Sie es diesmal anders machen wollen. Das ist wundervoll. Sie haben doch gelernt, dass ‚Sie die Autorität in Ihrem Leben sind. Sie entscheiden über Ihr Tun.'" Lena warf ein, „Manchmal kommt es mir aber eher umgekehrt vor. Die Angst und der Wunsch wegzulaufen sind dann so riesig, dass ich gar nichts dagegen tun kann. Ich suche dann Streit." Hier unterbrach ich sie, „Also wissen Sie, wenn Sie Streit suchen, was?", fragte ich sie. „Dass ich erst mal überlegen muss, warum ich gerade Streit suche – gibt es einen echten Auslöser, der mich wurmt oder ist es die Angst vor Nähe?" Ich bestärkte sie in diesem Gedanken und schlug vor, „Genau. Vielleicht kann Ihr Mann ihnen dabei helfen, das auseinanderzuhalten?" Daraufhin wurde Lena unsicher. „Aber was, wenn er die Schuld immer und immer auf mich schiebt? Was wenn es aber eigentlich seine Schuld ist, dass ich ärgerlich bin? Woher soll ich wissen, ob er nur sagt, dass er mich nicht versteht, damit er keine Schuld bei sich suchen muss? Es ist schrecklich, wenn man sich nicht auf sich selbst verlassen kann." Obschon ihre Bedenken für mich absolut nachvollziehbar waren, würden sie Lena jedoch nicht weiterbringen und das versuchte ich ihr auch zu erklären. „Wenn es einen anderen Weg geben könnte, als sich dieser Angst zu stellen, glauben Sie mir, ich würde ihn Ihnen sofort vorschlagen. Leider gibt es aber nur diesen Weg. Stellen Sie sich der Angst und trauen Sie sich, zu vertrauen." Lena blieb bei ihrem Einwand. „Aber es macht mir Angst." Also versuchte ich zu ergründen, „Was genau macht Ihnen Angst?" „Na, ich will nicht abhängig sein von jemand anderem, mich nicht verlieren in einem anderen. Ich meine, was tue ich, wenn er mich betrügt oder wenn er stirbt? Dann habe ich alles gegeben und komme nie mehr auf die Beine." Ich unterbrach Lena sofort. „Stopp! Genau dieses Denkschema müssen Sie sich bitte dringend abgewöhnen. So kommen Sie nicht weit, Lena. Merken Sie, wie Sie sich durch diese Gedanken immer weiter hineindrehen? Setzten Sie dem ein Ende. Was könnten Sie stattdessen denken?" Lena schloss die Augen und schlug sie dann ruckartig wieder auf. In ihrem Blick erschien Klarheit. „Liebe ist, wenn ich darauf vertraue, dass mir kein Unglück geschieht. Und wiederfährt es mir doch, ist es am Ende doch nur mein Glück. Das könnte ich denken, ich spüre, wie mich das ruhig werden lässt im Innern." „Wie meinen sie das?", hakte ich nach. „Naja, wenn mein Mann beispielsweise sterben würde, könnte dies auch bedeuten, dass etwas viel Schlimmeres hätte passieren können, wäre er nicht gestorben. Beispielsweise hätte er 20 Jahre lang im Koma liegen können und die Ungewissheit, ob er wieder aufwacht, würde mich tagtäglich begleiten. So meine ich das. Jedes Unglück kann auch noch schlimmeres Unglück verhindern. Da ich nicht wissen kann, was mir womöglich stattdessen erspart geblieben ist, kann ich mir doch auch denken, dass es immer schlimmer hätte kommen können und somit bräuchte ich mich nicht so in meine Angst hineinsteigern" „Ja, das kann ich nachvollziehen.", gab ich zurück. „ Hilft Ihnen das? Dann denken Sie so!" Wie heftig ihre Angst sein musste, dachte ich bei mir, dass sie solch ein Beispiel anbrachte. „Sie fahren heute nach der Sitzung zu ihm, sagten Sie. Wie geht es Ihnen jetzt damit?", tastete ich mich weiter voran. „Eigentlich habe ich gerade nur Angst vor der Bindungsangst. Sie ist gerade nicht präsent, aber sie könnte kommen und das macht mir ein sehr unbehagliches Gefühl. Was, wenn ich Beklemmungen bekomme?" „Was wäre denn das Schlimmste, was passieren könnte, wenn Sie bei ihm sind und Beklemmungen bekommen?", wollte ich wissen. „Hm... das Schlimmste wäre, ich würde ungerecht mit ihm werden und so einen heftigen Streit vom Zaun brechen, dass ich unsere ganze gemeinsame Zeit damit verschwenden würde, zu heulen und nicht mehr aus dieser Spirale herauszukommen. Dann würde er sich nämlich entziehen und hilflos daneben stehen und das wäre sicher nicht förderlich für unser junges Glück. Im Nachhinein hätte ich dann sicher ein furchtbar schlechtes Gewissen." „Haben sie denn schon einmal die Erfahrung gemacht?", wollte ich wissen. „Ja. Und es war nicht schön. Er sagte, er habe das Gefühl, er könne jetzt sagen, was er wolle, es wäre gerade sowieso immer falsch. Ich war fest davon überzeugt, dass er im Unrecht war, doch einige Zeit später, als meine Panikattacke vorüber war, sah ich, dass er auf jeden Fall Recht hatte. Ich erschrak mich vor meiner Wahrnehmung, die während der Panikattacke dermaßen verschoben war, dass ich den Wald vor lauter Bäumen nicht mehr sah. Es war furchtbar – für ihn und für mich – das kann ich Ihnen sagen." „Lena!", gab ich zu bedenken, „Bindungsstörungen haben ihren Ursprung in der frühkindlichen Entwicklung, wie Sie ja sicher schon erforscht haben. Sie beschrieben mir, dass Ihre Mutter oft sehr distanziert Ihrem Vater gegenüber war, wenn er sie umarmen oder ihr einen Kuß geben wollte. Sie haben dieses Verhalten als Kind beobachtet und daher gelernt, dass es wichtig ist, Distanz zu wahren. Das ist ein Aspekt, der zu Ihrer Bindungsangst geführt haben kann. Zusätzlich haben Sie deutlich beschrieben, dass Sie sehr enttäuschende Beziehungen erlebt haben. Sie haben Ihre Partner zu Beginn geprüft und als sie sich dann auf sie einließen und Vertrauen fassten, gab es immer wieder Geheimnisse, die erst später ans Tageslicht kamen. Sie fühlten sich missbraucht und verraten. Es ist verständlich, dass Sie Bindungsängste haben. Das ist das Erste, das Sie sich immer wieder klar machen sollten. Sie und auch Ihr Partner können außerdem erkennen, wann es gerade wieder zu einem Panikschub kommt. Das alles sind hervorragende Voraussetzungen, um bewusst in diese Situationen hineinzugehen, denn Sie kennen die Ursachen und wissen, dass das nichts Unnormales ist. Verstehen Sie?" Lena nickte zaghaft und sah angestrengt aus. Ich trug ihr zum Abschluss der Sitzung auf, „Fahren Sie heute zu ihm und lassen Sie sich ein. Er scheint Sie sehr zu lieben und er ist nicht die Gefahr. Die Gefahr, wie Sie sie empfinden, besteht nicht mehr. Es ist alles gut. Sie sind in Sicherheit, Lena. Reden Sie mit ihm, wenn Sie Angst spüren. Sprechen Sie aus, dass es so ist und akzeptieren Sie es. So vergehen unliebsame Gefühle am besten. Diese unangenehmen erlebten Gefühle wollen gesehen werden.

Je mehr sie verdrängt und nicht akzeptiert werden, desto stärker werden sie. Stellen Sie sich einen Wasserball vor, den Sie unter Wasser zu drücken versuchen. Es kostet Sie erstens viel Kraft, den Ball unter Wasser zu halten und zweitens kommt er mit voller Wucht nach oben geschossen, wenn Sie dann loslassen müssen, um erneute Kraft zum Herunterdrücken des Balles zu schöpfen. Ihre unliebsamen Gefühle sind der Wasserball! Sehen Sie und bewerten Sie sie nicht. Alles andere geschieht von allein. Sagen Sie mir bitte beim nächsten Mal, wie es Ihnen ergangen ist." Heute drückte sie mich und lächelte zum Abschied endlich wieder.

13. Bindungsgestalterin

Lena

Wenn mein Verstand noch nicht richtig wach ist

Ist meine Welt mit einem Schleier belegt,

der Ruhe bringt- das ist so wunderschön

Die Welt da draußen fühlt sich dann ähnlich an

>>Es ist gut, dass ich bin << - denkt sich am Morgen leichter.

Wenn die Gedanken noch schlafen,

Dann weiß ich, dass ich bin-

Und dass es gut ist

Mit jedem Atemzug verläuft sich die Qual

In ein helles Lächeln

Was einmal war, was einmal sein wird- ist egal

Dann nach und nach....schielen mich meine Gedanken an

Da kommen sie- jetzt bin ich wach

Was wird sein- fragen sie

Erinnere dich- wie es war- meinen sie

Und ich steh inmitten eines Moments

Will sie nicht hören, will nur hier sein

Will nur wissen, dass ich bin-

Mit jedem Atemzug verläuft sich die Gegenwart

Tanzt mit dem Gestern, mit dem morgen

Dabei ist doch nur wichtig- dass ich bin

„Liebe Bindungsangst – ja, ich nenne Dich bewusst lieb – denn auch Du hast dazu beigetragen, dass ich die bin, die ich heute bin. Ich weiß, Du willst mich schützen. Ich weiß, Du sorgst Dich, dass ich mir Verletzungen zuziehe. Das ist sehr fürsorglich von Dir. Sag, bist Du auch daran beteiligt, dass ich mich gegen meine Sexualität wehre? Wieso fällt es mir so schwer, mich auf einen Mann wirklich einzulassen? Das macht mir Sorgen. Kannst Du mir darauf eine Antwort geben?"

>> Du lässt mich nicht los, Liebes. Ich bin da, weil Du es willst. Für irgendetwas scheine ich Dir noch nützlich zu sein. Schau Du, wofür. Da ist der Weg und des Rätsels Lösung. Du brauchst mich für irgendetwas. Für was?<<

„Wenn ich das nur wüsste. Ich mache mir immer so viel Sorgen. Ich habe Angst, dass ich nicht gut genug bin. Ich fühle mich oft nicht annehmbar. Wofür brauche ich Dich – vielleicht als einen Vorwand, um meine Verantwortung in Beziehungssachen abgeben zu können?"

>>Wie meinst Du das? Weißt Du, ich bin Deine Freundin. Durch mich bleibst Du aufmerksam und lebst Beziehungen bewusst. Die Angst, die Du hast, das bin ich nicht. Ich bin keine BindungsANGST. Ich bin BeziehungsGESTALTERIN. Dass Du mich wertest und weghaben willst, macht die ganze Geschichte schwierig. Würdest Du Dich aufmerksam mit Dir auseinandersetzen ohne mein Zutun? Du würdest Dich

vermutlich wieder selbst missbrauchen, in alte Verhaltensmuster verfallen. Ich helfe Dir, neue Wege zu finden vor allem in Sachen Beziehung. <<

„Aber manchmal störst Du."

>>Das bin nicht ich. Das ist Dein Selbstwertgefühl, du kleine Perfektionistin. Es ist doch alles in Ordnung<<.

„Aber sexuell nicht."

>>Weil Du Deine Lust weniger auslebst als zu Beginn einer Beziehung? Das geht ganz vielen Frauen so, die sich nicht lieb haben. Da bist Du keine Ausnahme<<.

„Aber ich leide darunter. Ich möchte meine Lust mehr leben. Ich fühle mich oft so schnell unter Druck gesetzt und ausgeliefert."

>>Du kannst doch Dein sexuelles Verhalten beeinflussen. Probiere Dich aus. Nimm Dir Zeit, Dich kennen und vor allem lieben zu lernen. Das ist doch alles neu für Dich. Du brauchst Dich nicht unter Druck fühlen. Das ist keine Leistungskontrolle, sondern die Möglichkeit, Deine Liebe einem anderen Menschen gegenüber auszudrücken. Voraussetzung hierfür ist aber, dass Du Dich selbst erst einmal liebst. Vielleicht unterhältst Du Dich einmal mit Deinem Widerstand? Er kann Dir vielleicht mehr sagen als ich<<.

„Das ist eine gute Idee. Ich danke Dir, Beziehungsgestalterin, auch für Deine Dienste."

14. Sechste Sitzung

Frau Jungmann

Lena konnte es gar nicht erwarten, mir zu berichten, was in der Zwischenzeit alles bei ihr passiert war. Sie zog noch nicht einmal ihre Jacke aus, sondern ließ sich, so wie sie war, gleich auf den Stuhl fallen. Erschöpft und etwas verzweifelt sah sie aus, aber das musste nichts bedeuten, denn wie bei vielen meiner Klientinnen und Klienten konnte es sich um ganz andere Gefühle handeln, als jene, die der Gesichtsausdruck vermuten ließ. Ich hatte einmal einen jungen Mann bei mir, der stetig lächelte und tatsächlich frisch und ausbalanciert wirkte. Seine Frau hatte sich um ihn gesorgt und ihn gebeten, zu mir zu gehen, weil sie sich sonst scheiden ließe. Er hatte so früh gelernt, Gefühle hinter einer Maske zu verbergen, dass es ihm selbst nicht auffiel, wie traurig und einsam er sich eigentlich fühlte. Es dauerte lang, bis er seine Gefühle zulassen konnte, aber das ist eine andere Geschichte.

„Hallo Lena. Wie geht es Ihnen?", begrüßte ich sie also. „Ich bin aufgewühlt und kribbelig." „Kribbelig?", fragte ich nach. „Ja, ich möchte so gern alles richtig machen in meiner Beziehung. Ich mag nicht mehr suchen, wissen Sie? Außerdem ist mir etwas aufgefallen, gerade heute erst, deshalb so kribbelig." Sie wartete nicht mein Nachfragen ab, so wie sie es sonst gern tat. Sie hatte einmal gesagt, dass sie erst bei Nachfragen ihres Gesprächspartners wirklich etwas erzählen wollte, denn so konnte sie ausloten, ob der andere wirklich Interesse an dem hatte, was sie zu sagen wünschte. Sie fühlte sich dann interessant und das mochte sie sehr gern. „Wissen Sie, was ich glaube?", fuhr sie fort. „Früher habe ich gedacht, dass ich aus vielen verschiedenen Personen bestehe. Ich nannte sie *meine Mädels*. Da war das innere Kind und die Weise und so weiter..." Sie holte tief Luft. „Inzwischen glaube ich aber, dass ich soweit mit mir selbst verschmolzen bin, dass es sich nunmehr um innere Anteile handelt. Je nach Situation und Konstellation sind bestimmte

Anteile beteiligt und wenn ich diese identifiziere und mit ihnen in Verhandlung treten kann, vielleicht kann ich dann doch eine normale Beziehung führen, mit Sexualität und Nähe und allem, was dazu gehört. Sie müssen sich das so vorstellen", erklärte Lena weiter, „Ich habe beispielsweise Kontakt zu meiner Bindungsangst aufgenommen. Sie sagt aber, dass sie gar nichts damit zu tun hat, dass ich mich so komisch in Beziehungen verhalte. Sie sagt, dass sie meine Freundin ist und eigentlich nur dafür sorgen möchte, dass ich aufmerksam bleibe, um meine Beziehung gesund und klar gestalten zu können. Sie sagte, ich solle meinen inneren Widerstand fragen, ob er etwas mit meiner Angst zu tun habe. Dazu bin ich aber noch nicht gekommen. Was denken Sie dazu?" „Erst einmal möchte ich Ihnen sagen, dass ich es wirklich bewundernswert finde, wie Sie so voller Tatendrang den Dingen auf den Grund gehen wollen. Das ist wirklich sehr besonders. Und, ja, das kann doch durchaus eine Sicht auf die Dinge sein. Wenn es sich für Sie richtig und wichtig anfühlt, dann ist das so und hat seine Berechtigung.", versicherte ich ihr. „Ich brauche einfach Erklärungen, Frau Jungmann. Erklärungen, weshalb ich oft so distanziert bin zu meinem Mann, Angst habe, sexuell berührt zu werden und immer wieder hinterfrage, ob ich normal oder krank bin, obwohl ich weiß, dass ich es nicht mehr bin, - krank meine ich - , denn ich komme sehr gut klar. Ich möchte wissen, ob ich mein Erleben und Verhalten beeinflussen kann, ohne mich ständig auf irgendwelchen Missbrauchssachen aus der Kindheit oder einem ungünstigen Beziehungsmodell, das mir von meinen Eltern vorgelebt wurde, auszuruhen. Mir reicht das nicht. Ich kann mir nicht vorstellen, dass das jetzt immer so sein soll, wenn ich in einer Beziehung bin, so fremdelnd, panisch, abwehrend und distanziert. Ich möchte mich ganz einlassen können. Ich möchte das Leben zu zweit genießen und Spaß an Sexualität haben. Das ist und war schon immer mein Ziel, und besonders jetzt, da ich einen Mann gefunden habe, der fest im Leben steht und der sehr erwachsen wirkt und stabil." „Ja, das kann ich gut nachvollziehen.", versicherte ich Lena. „Ich verschwende sicherlich Worte, wenn ich Ihnen sage, dass Sie sich nicht so unter Druck setzen sollten, sich Zeit lassen sollten und vor allem, sich annehmen sollten, so wie Sie gerade sind." „Ja – Zeitverschwendung!", gab Lena umgehend schmunzelnd zurück. Ich musste ebenfalls schmunzeln. „Herrje – also, was denken Sie, brauchen Sie, um weiter Ihren Weg bestreiten zu können? Was würde Ihnen helfen? Wobei kann ich Sie unterstützen? Was kann Ihr Mann tun?" Langsam wurde sie ruhiger und wirkte nicht mehr so durch den Wind. Das hatte ich schon öfter beobachtet. Sprach ich davon, wer sie bei diesem oder jenem unterstützen könnte, wer sich freuen würde, wenn sie ihr Ziel erreicht habe und wer sich nicht freuen würde, schien Lena etwas leichter atmen zu können. Anscheinend kam sie selbst selten auf den Gedanken, dass sie nicht allein war, sondern Helfer um sich hatte. Meine Fragen wirkten dann wie Erinnerungen, die sie sichtlich beruhigten. Schließlich antwortete sie, „Ich brauche Sie zum Reden und Reflektieren meiner inneren Prozesse, Frau Jungmann. Ich entwickle einfach andere Gedanken und Ideen, wenn ich laut mit jemandem über diese Dinge sprechen darf, der mit mir sonst nichts weiter zu tun hat. Wenn ich Sie doof finde oder Ihre Ratschläge, dann komme ich einfach nicht mehr, verstehen Sie?" Ich nickte. „Bei Freunden oder der Familie ist es nicht so einfach. Da kriegt man gleich Probleme, wenn man aufhört, über Dinge zu reden, die sowieso keiner versteht. Ich meine, Sie können mich auch nur in Ansätzen verstehen, denn Sie können ja nicht in mein Gehirn gucken."

„Nein, das kann ich nicht, das ist richtig. Und was kann Ihr Mann tun?", fragte ich weiter. „Mich aushalten." Lena senkte den Kopf und wirkte beschämt. „Denken Sie, dass ihm das schwer fällt?", fragte ich weiter. „Naja, manchmal bin ich schon unreif. Ich heule furchtbar viel und habe ständig Angst. Angenehm ist es sicher nicht mit mir." „Sagt er das auch so?" „Nein, das würde er nicht sagen, glaube ich. Er hat mir nur einmal gesagt, dass er es nicht mag, wenn ich so oft weine." „Hören Sie das auch genauso? Oder hören Sie, dass er Sie nicht mag, weil Sie oft weinen?", hakte ich weiter nach, „Ich weiß, wie er es meint, aber ja, ich höre es so, wie Sie es gerade gesagt haben. Blöd, ich weiß, aber so ist es nun einmal.", gab Lena kleinlaut zu. „Ist er denn an Ihnen festgekettet oder erpressen Sie ihn mit Selbstmorddrohungen oder ähnlichem, sollte er Sie verlassen?" „Nein und nein, die Zeiten sind lange vorbei.", sagte Lena bestimmt. Das hatte ich vermutet und deshalb fragte ich sie nun, „Und warum sollte er bei Ihnen bleiben, wenn er Sie als gesamte Person nicht mögen würde?" Auf diese rhetorische Frage ging sie nur indirekt ein und wehrte ab, „Ja, das ist ja alles richtig, aber trotzdem höre ich es so." „Genau Lena und da sind wir wieder bei der Frage wie entscheiden Sie sich, die Welt zu sehen? Akzeptieren Sie bitte, dass es nicht nur die negative Seite des Lebens, sondern auch und viel mehr noch die positive Seite gibt. Ihre Entscheidung, wissen Sie noch? Schenken Sie ihm Glauben und Vertrauen oder zweifeln Sie und glauben nur Schlechtes? In letzterem Fall werden Sie Ihr Ziel einer glücklichen Beziehung, mit allem was dazu gehört, schlecht erreichen können. Vielleicht wollen Sie gar nicht glücklich sein? Ich weiß, das ist provokant gefragt, aber haben Sie sich schon einmal ausdrücklich mit der Frage beschäftigt, ob Sie Heim, Kinder, Mann und alles, was dazu gehört, überhaupt wollen?" Lena schüttelte den Kopf. „Tun Sie dies bitte bis zum nächsten Mal.", gab ich ihr mit nach Hause. „Und der Widerstand?", fragte sie noch. „Warum fragen Sie mich?", gab ich zurück, „Vertrauen Sie sich selbst, dann sind Sie auf dem richtigen Weg. Ich bin mir sicher, Sie schaffen beide Aufgaben bis wir uns wiedersehen." Lena lächelte und ich lächelte zurück. Ein tolles Mädchen, fand ich auch nach dieser Sitzung.

15. DER INNERE WIDERSTAND

Lena

„Ob sie Heim, Kinder, Mann und alles, was dazu gehört, überhaupt wollen?" Was soll denn das für eine Frage sein? Natürlich! Das will doch jeder, oder? Naja, wahrscheinlich einige nicht. Es gibt ja mittlerweile so viele Möglichkeiten, Beziehungen zu führen oder eben auch nicht, dass die Frage wirklich Sinn machen könnte. Will ich Kinder und einen Mann für immer? Nehmen wir mal an, ich werde um die 80 Jahre alt, dann bedeutet das, es handelt sich um ca. 47 Jahre, die ich mit ein und demselben Mann verbringen werde. Während ich das so schreibe, spüre ich, dass ich darauf durchaus Lust habe. Wie es wohl sein mag, wenn man sich blind auf einander verlassen kann und sich kennt, wie die eigene Westentasche und doch gleichzeitig immer wieder Neues entdeckt - am anderen und an sich selbst - . Doch, ja, ich möchte das. Und nun Kinder. Möchte ich Kinder? In erster Linie möchte ich dieses Wunder erleben. Aus zwei Menschen wird ein neues ganz individuelles kleines Wesen. Wow! Natürlich bedeutet das auch viel Abenteuer: sich zu sorgen, an seine Grenzen zu kommen, 24 Stunden am Tag für den kleinen Menschen die Verantwortung zu tragen. Auch hier geht es wieder um Nähe. Wenn ich es nicht schaffe, wirklich intensivste Beziehungen zuzulassen, dann werden meine Kinder von vorn herein einen Sockenschuss haben. Gerade in der frühkindlichen Entwicklung baut sich das Fundament aus Urvertrauen auf. Wenn ich da nicht vertrauen kann und loslassen und einlassen, dann sollte ich das mit dem Kinderkriegen unbedingt lassen. Aber hat man dafür nicht auch die neun Monate? Um sich an die neue Situation zu gewöhnen, eine Beziehung aufzubauen und sich einlassen lernen? Meine größte Sorge ist, dass ich unbearbeitete Wut weitergeben könnte und Verletzungen, die ich nicht genug gewürdigt und verarbeitet habe. Was hilft die allergrößte Liebe, wenn ich sie nicht zeigen kann? Wenn ich tief in mich hineinspüre, fühle ich, dass ich mich bereits auf dem Weg befinde, eine Ehefrau und Mutter zu werden. Ich spüre Aufgeregtheit und Neugier. Angst? Nein, im Moment ist davon keine Spur zu merken. Bedeutet das *ja*? Will ich all das?

An diesem Punkt meiner Überlegungen erscheint es mir sinnvoll, mich mit meinem inneren Widerstand auseinanderzusetzen. Ich bin gespannt, was er mir zu diesem Thema mitzuteilen hat.

„Was sagst Du, Widerstand? Was kann ich tun, damit Du Dich auflöst?"

>>Hör auf, Dich selbst als Opfer wahrzunehmen! <<

„Was meinst Du damit?"

>>Es ist ja gut und schön, dass Du allerlei Dinge bearbeitest und über Vieles geweint hast. Der Schmerz sitzt tief vor allem, weil Du nicht weißt, was genau Dich schmerzt. Sehe ich das richtig? <<

„Ja. Ich bin schon immer irgendwie chronisch traurig gewesen und mit der Zeit taten sich undefinierbare Abgründe auf, die ich nicht recht zum Abschluss bringen kann."

>>Selbst wenn Du sie abschließen könntest, es würden sich neue auftun. Du weißt, wie viele Leben in Deinem Körpergedächtnis, deinen Zellen gespeichert sind. Du brauchst mehr als ein Leben, um mit allem aufzuräumen, was Dir mitgegeben wurde. Die Frage ist doch, hast Du Dich schon wirklich und wahrhaftig mit Deinen Täteranteilen beschäftigt? Erst, wenn Du diese ansehen und integrieren kannst, kommst Du aus der Opferrolle raus und ich kann verstummen. Sprich mit ihnen und nimm sie an. Da wartet noch eine Menge Arbeit auf Dich. Ich werde Dich noch eine Zeit lautstark begleiten. <<

„Was sind denn Täteranteile? Meinst Du meine Ungerechtigkeiten anderen gegenüber?"

>>Das weißt Du am besten. Akzeptiere, dass in jedem Menschen helle und dunkle Seiten existieren und vergib Dir das. Du kannst nicht perfekt sein. Niemand kann das. Außerdem hast Du schon einmal anders über mich nachgedacht? Was bedeutet Widerstand, wenn man das Wort wörtlich nimmt? Gegen wen bzw. was stellst Du Dich denn? <<

„Gegen das Glück?"

>>Vielleicht. Du weißt es besser als ich. Du wehrst Dich immer dann, wenn es längere Zeit gut läuft in Deinem Leben. Ist Dir das schon aufgefallen? Du spürst mich immer dann, wenn Du eigentlich denkst, Das darf oder das kann nicht sein. Dann geht eine Tür auf und ich darf an die Oberfläche. Dann wiederum regst Du Dich auf, dass ich da bin. Verstehst Du Dich denn selbst in all Deinen Widersprüchen mit mir als Widerstand? <<

„Aber ich möchte doch glücklich sein. Das ist Müll!"

>>Ja, ja Du willst glücklich sein, willst aber die Kehrseite nicht akzeptieren: Glück bedeutet gleichzeitig, die Angst zu akzeptieren, das Glück wieder verlieren zu können. Du kannst es nicht halten. Das macht Dich wahnsinnig also holst Du mich und heulst dann, wenn ich Deinem Ruf folge. Was willst Du eigentlich? Ich bin nützlich. Ich will Dir nichts kaputt machen. Ich möchte gern auftauchen dürfen, wenn es um Dinge geht, die gefährlich für Dich sein könnten, nicht dann, wenn eigentlich der Genuss seinen Platz einnehmen sollte. Sprich mit ihm. Er sagt Dir, was er braucht, um noch stärker aufblühen zu können. <<

Frau Jungmann

„Wissen Sie, was komisch ist?" Lena war gleich mit der Tür ins Haus gefallen. Das ist mir persönlich immer lieber, als schweigende Klienten. Als Lena sich hingesetzt hatte, schaute sie mich mit wachen und klaren Augen an. „Nein, was für Sie gerade komisch ist, weiß ich nicht. Wie auch?" Lena schmunzelte und wurde sofort wieder ernster. „Wir sind ja noch nicht lange zusammen, mein Mann und ich, und wir sehen uns wirklich furchtbar wenig zurzeit. Er lernt viel für Prüfungen und wenn er dann keine Lust mehr hat, dann besucht er seinen Bruder oder geht zu seinem Nachbarn. Ich wundere mich darüber, denn ich frage mich, warum er nicht auf die Idee kommt, zu mir zu fahren. *Vermisst er mich denn nicht?*, frage ich mich dann, aber mehr passiert da irgendwie nicht mehr!" Der letzte Teil ihrer Ausführungen erschloss sich mir nicht recht, also fragte ich Lena, „Was meinen Sie damit, mehr passiert da nicht mehr?" „Ich kann das akzeptieren, meine ich damit. Das ist seltsam, denn eigentlich zweifle ich immer sofort an der Echtheit seiner Gefühle mir gegenüber. Ich kann nicht verstehen, dass der andere nicht jede Minute bei mir sein will. Aber es ist irgendwie anders jetzt. Ich weiß trotzdem, dass er in mich verliebt ist. Das finde ich komisch." „Ja, ich verstehe. Es ist also eine neue Erfahrung, die Sie gerade machen?", fragte ich. „Was beunruhigt Sie dabei?", wollte ich von ihr wissen. „Mich beunruhigt das nicht – eigentlich ist es ein schönes Gefühl. In irgendeiner Form verlasse ich mich ja gerade darauf, dass es in Ordnung ist, wenn man sich ein paar Tage nicht sieht. Es bedeutet eben nicht gleich, dass die Liebe nachlässt, verstehen Sie? Es fühlt sich aber trotzdem komisch an. Ich schaue dann sehr konzentriert bei mir, ob ich ihn nicht mehr will oder ich doch heimlich sauer auf ihn bin oder gekränkt – aber da ist alles, wie es sein soll. Ist das normal?", fragte Lena mich verunsichert. „Ich meine, was, wenn ich verpasse, dass sein Interesse an mir doch abnimmt oder meines an ihm?"

„Ja, Lena, was wäre denn, wenn sein Interesse abnähme und Sie es nicht bemerkten oder es umgekehrt wäre?", fragte ich zurück. „Das wäre einerseits furchtbar. Auf der anderen Seite, denke ich, wäre es dann eben so. Es wäre traurig und schade, aber ich wüsste, dass ich es überleben werde. Das war bislang noch nie so, wenn ich in einer Beziehung war. Ist das zu hart?" „Ich finde das gar nicht hart. Ich denke im Gegenteil, dass Sie gerade dabei sind, eine echte Beziehung aufzubauen und halten zu können. Ich erinnere mich, wie Sie noch vor nicht all zu langer Zeit panisch waren bei allem, was gegen Sie und sie als Paar sprechen könnte. Lena, ich denke, Sie sind soweit.", konnte ich ihr nun endlich sagen. „Für was denn?", fragte sie mich überrascht. „Sie sind bereit für echte Liebe ohne Abhängigkeit von einem anderen. Keine Sorge, Sie werden auch noch hin und wieder in alte Muster zurückfallen, denke ich, aber es scheint, Sie bewegen sich in eine herrliche Richtung. Bravo! Wie sind denn Ihre Kontaktanfragen an Ihre inneren Anteile gelaufen?" „Sehr überraschend!", erwiderte Lena, noch immer sichtlich berührt von meinem Lob. „Ich werde von denen, die ich anspreche immer zu dem nächsten geschickt. Aber es ist gut. Alles sortiert sich in eine Richtung. Da scheint kein Anteil mehr zu sein, der mir schaden will."

„Meinen Sie denn, dass da je einer war, der Ihnen schaden wollte?", fragte ich sie. „Ja, der innere Kritiker in mir, denke ich . Der ist aber leiser geworden, seitdem ich mit ihm geschimpft habe. Der hat wohl Angst, dass er ausziehen muss." Lena lächelte so tief und ehrlich, dass es mir eine wahre Freude war, sie zu betrachten. „Außerdem habe ich mich der Frage gestellt, ob ich all das will, worauf ich gerade hinarbeite. Sie wissen es sicher noch: Familie, Ehe, Haus und so. Ich glaube, ich fürchte mich am meisten davor, Kinder zu kriegen. Ich möchte eine gute Mutter sein, habe aber Sorge, dass ich auch dann Beziehungsschwierigkeiten haben werde. Das wäre fatal, denn in den ersten Monaten entscheidet sich so vieles." Sie schwieg nun und wurde nachdenklich. Ich sagte nichts dazu, denn ich war überzeugt, dass sie auch hier selbst zu Erkenntnissen kommen würde, die ihr ihre Sorgen und Ängste nehmen würden. Lena war eine von diesen Klientinnen, die einfach den Raum für laute Selbstgespräche brauchten – nicht mehr und nicht weniger - .

Lena

Mein Lieber,

als ich Deine Sms erhielt, dass Du jetzt zu Deinem besten Freund fährst, hat es in meinem Herz gepiekt. Als ich heute Nachmittag ganz vorsichtig überlegend meine Gedanken an Dich gerichtet habe, wollte ich Dir keine Vorwürfe machen, sondern sagen, dass es mich unzufrieden macht, wie sich unsere Beziehung entwickelt. Dabei weiß ich, dass Du es wirklich nicht verstehst. Du willst mich nicht ärgern. Du lebst einfach, wonach Dir ist. Morgen sind es 3 Monate (erst) und ich wäre heute sofort zu Dir gefahren, wenn ich Dich ein paar Tage nur n bisschen oder gar nicht gesehen hätte. Warum geht es Dir nicht so? Das ist wahrscheinlich der Unterschied, der einen Unterschied zwischen mir und Dir macht. Es enttäuscht mich irgendwie und ich spüre, dass mir einfach zu wenig ist, was uns verbindet. Es tut mir furchtbar leid. Ich bekomme eine Idee davon, dass wir unterschiedliche Vorstellungen von „Beziehung leben" haben. Ich habe das Gefühl, Du lebst sehr für Dich und in Dir und pflegst gern Deine Freundschaften und eigenen Bedürfnisse. Ich habe das Gefühl, dass eine Frau an Deiner Seite für Dich da sein soll, Dich trösten und stützen und begleiten soll. Andersherum habe ich aber das Gefühl, dass diese Ansprüche von einer Frau Dir gegenüber nicht gültig sind. Ich dachte, es liegt vielleicht daran, dass Du jetzt lernen und Dich konzentrieren musst und hatte vielleicht falsche Erwartungen, dass sich das ändern wird, sobald Du mit den Prüfungen fertig bist. Daher war ich heute vielleicht auch so verletzt, dass du lieber zu Deinem Kumpel fährst, als mich zu sehen. Ich habe Dich in einer Sms gefragt, ob Du heute nicht doch kommen magst und ich bekam keine Antwort. Bist Du sicher, dass Du eine Beziehung führen möchtest? Vielleicht brauchst Du nur jemanden, an den Du Deine Gedanken richten kannst? Ich kann mir vorstellen, wie Du jetzt vermutlich denkst:" Sie will gar nicht und projiziert das jetzt auf mich!" An dem ist nicht so. Ich habe lange überlegt. Ich spüre meine Sehnsucht und das Bedürfnis, dass wir zusammenwachsen und ich mich mit Dir gemeinsam ins Leben stürzen kann. Aber wie soll das gehen, wenn es so scheint, als gäbe es von Deiner Seite weniger anstatt mehr Kontaktwünsche? Du genießt es, wenn ich bei Dir bin, das nehme ich sehr wohl wahr. Gleichzeitig habe ich den Eindruck, dass es Dir sehr schwer fällt, auch mal unbequeme oder kurzfristige Änderungen annehmen und auf Dich nehmen zu können oder zu wollen.

So habe ich mir das nicht vorgestellt. Ich bin sehr traurig darüber. Ich hatte auf mehr Euphorie und Wünsche Deinerseits gehofft, dass wir eine Familie werden. Aber anstatt es enger und tiefer wird, wird es eher abgeklärter und entfernter. Das ist meine Wahrnehmung. Brauchst Du noch Zeit zum Trauern, weil Deine Ehe gescheitert ist? Das würde ich verstehen. Das wäre wenigstens ein Grund.

Ich weiß, Du wirst es nicht verstehen und denken, dass ich ne Meise habe oder alles falsch sehe. Das ist wohl das Schlimmste. Ich wünsche Dir, dass Du spürst, wenn Du bereit bist, auf eine Frau zuzugehen und das mit Lust und Motivation. Vielleicht bin ich zu unreif. Vielleicht belüge ich mich selbst. Ich weiß es grad nicht. Ich möchte mit allem gewollt werden und wenn jemand Sehnsucht hat, möchte ich auch, dass er Lust hat, sich auf den Weg zu mir zu machen.

Vermutlich verstehst Du mich nicht. Ich bin gerade traurig, dass Deine Sehnsucht nicht ausreicht, mich zu besuchen.

Ich glaube, in Deinem Leben hat im Moment niemand anderer Platz als Du selbst. Vielleicht hat Deine Ex - Frau Dich mit ihren Verletzungen Dir gegenüber mehr getroffen, als Du glaubst. Vielleicht hast Du unbewusst beschlossen, nie mehr etwas zu tun, das Dir nicht vollkommen entspricht. Leider komme ich damit nicht zurecht. Ich wünsche mir von Herzen, dass Du mich verstehst.

Nachdem ich meinem Mann diesen Brief geschrieben hatte, fühlte ich mich besser. Alles war etwas sortierter in meinem Kopf. Schreiben ist eine wunderbare Form des Sortierens. Es ist schier unmöglich mehrere Gedanken gleichzeitig aufzuschreiben. So ordnet sich alles von selbst. Eine wunderbare Methode. Wie er wohl auf diesen Brief reagieren würde.

Mein Mut zur Offenheit wurde belohnt. Und wieder einmal bestätigte sich für mich, dass nur mit offenen Worten die Möglichkeit besteht, die Perspektive und das Handeln des anderen zu begreifen richtig einzuordnen. Nur wenn der andere weiß, was in mir vorgeht und umgekehrt, kann konstruktive Kommunikation folgen.

Mein Engel,

es tut mir leid, dass du so leidest, aber ich kann doch nicht immer springen, wenn Du mich rufst. Zwei Stunden vorher hast Du gesagt, Du hast keine Zeit und wir können uns nicht sehen. Es ist auch für mich sehr schwierig, wenn ich weggestoßen werde und dann wieder ganz nah sein soll. Das irritiert mich. Ich liebe Dich ohne Ende. Du bist die Frau auf die ich mein Leben lang gewartet habe. Ich bin auch glücklich mit Dir, wenn wir uns nicht sehen. Ich wünsche mir, dass Du mir vertraust und weißt, dass ich Dich will. Du bist doch mein Ein und Alles, Engel. Ich glaube fest an Dich und bin sehr stolz auf Dich. Mir ist so sehr nach Dir. Alles ist gut. Du bist doch mein Sonnenschein. Wir sehen uns morgen, ok?

Die Erleichterung, die sich in mir ausbreitete, war wunderbar.

„Mein Liebster, Deine Reaktion hat mir geholfen, danke. Ich weiß, es ist schwierig mit mir. Manchmal benehme ich mich, wie ein Kleinkind. Es tut mir leid."

„Dir braucht nichts leidzutun. Es ist alles gut. Ich liebe Dich, mein Schatz."

18. ACHTE SITZUNG

Frau Jungmann

„Ich muss mich dringend noch einmal mit meinem Widerstand unterhalten. Das geht so nicht!" Lena sah böse aus und war frustriert. „Ich will mich nicht mehr wehren, wenn es innig und schön wird mit meinem Mann. Der Widerstand ist mittlerweile fehl am Platz. Er war einmal sehr wichtig für mich, damit ich nicht in Gefahr gerate, aber nun nicht mehr. Das muss ich ihm unbedingt sagen. Können wir das machen hier?", fragte sie mich eindringlich.

„Ja. Das können wir hier tun. Kennen Sie das Psychodrama, Lena?" „Nein. Was ist das?" „Mit Methoden des Psychodramas können durch eine Art Rollenspiel verschiedene innere Anteile zur Sprache kommen. Es ist ursprünglich eine gruppenspezifische Methode, diese kann aber auch mit Symbolen in Einzeltherapie eingesetzt werden. Wir können gemeinsam mit Ihrem Widerstand in den Dialog treten und Sie können ihm sagen, was Sie bedrückt. Wollen wir es versuchen?", fragte ich sie. „Ja, bitte. Ich will endlich zulassen können, dass alles in Ordnung ist, ohne dass der Widerstand aufspringt und >>GEFAHR!!!!< schreit.", gab Lena ohne zu zögern zurück. „O. k. Dann stehen Sie einmal auf und suchen sich einen Platz im Raum, wo Sie stehen wollen." Lena stand auf und stellte sich mitten in den Raum. „Stehen Sie gut dort?", prüfte ich nach. „Ja.", gab sie nur kurz zurück. „O. k., dann stelle ich jetzt an diese Stelle einen Stuhl, damit wir die Position nicht vergessen. Jetzt suchen Sie sich bitte einen Platz für Ihren Widerstand. Wo, denken Sie, steht oder sitzt er in Bezug zu Ihnen?" Lena überlegte kurz und stellte sich direkt vor den Stuhl, der jetzt auf der Position war, auf der sie eben noch gestanden hatte. „Hier steht er.", erklärte sie mir. „ Er verdeckt mir die Sicht. Er ist riesig." „Gut. Dann stellen wir hier jetzt einen weiteren Stuhl hin. Jetzt möchte ich, dass Sie wieder auf Ihre Position gehen." Lena setzte sich auf ihren Stuhl. Es war deutlich zu erkennen, wie sie den Widerstand vor sich sah. Sie atmete tief ein und wieder aus. „Lena, wenn Sie jetzt hier so sitzen, wie geht es Ihnen?" „Mir ist schwer ums Herz.", sagte Lena und ihre Augen füllten sich mit Tränen. „ Der Widerstand bedrängt mich. Er ist mir zu nahe. Dabei weiß ich ja, dass er mir nicht schaden will. Er will mich beschützen. Ich glaube, er hat noch nicht verstanden, dass viel Zeit vergangen ist und ich ihn in der Ausmaß nicht mehr brauche." „Sagen Sie ihm das doch einmal!", ermunterte ich sie. Lena schaute hoch in die Luft vor sich und wiederholte, was sie eben zu mir gesagt hatte. „Lieber Widerstand, Du quälst mich. Ich weiß, Du willst das nicht, aber Du stehst mir im Weg. Ich danke Dir wirklich für deine treuen Dienste, aber bitte, kannst Du Dich nicht wegbewegen? Du kannst ja bleiben, aber nicht auf dieser Position. Ich kann mein Leben nicht mehr sehen."

Als Lena fertig war, bat ich sie, die Position ihres Widerstandes einzunehmen. Schon in der ersten Sekunde nach dem Platzwechsel nahm Lena eine ganz andere Haltung ein. Sie baute sich vor ihrem jetzt leeren Platz auf und stand wie eine Eins davor. Ich stellte mich mit hinüber und sprach Lenas Widerstand direkt an. „ Hallo, ich bin Frau Jungmann. Ich habe gerade von Lena gehört, dass sie Dich zwar schätzt, aber sich von Dir behindert fühlt. Seit wann kennst Du denn Lena schon?" Lena alias ihr Widerstand antwortete mir, „Schon sehr lange. Ich fühle mich sehr mit ihr verbunden. Es ist fast, als kennen wir uns schon mehr als ein Leben lang."

„Ah ja, also kennst Du sie sehr gut. ‚Sag´ mal, wie groß bist Du eigentlich?", wollte ich vom Widerstand wissen. „Ich bin riesig. Ich stehe seit Jahren vor ihr. Es ist komisch, dass es sie zu stören scheint. Ich möchte ihr auch nicht im Weg stehen, aber ich weiß nicht, wo jetzt mein Platz ist.", erklärte er mir. „Sag mal, Widerstand von Lena, kannst Du Dich an die erste Situation erinnern, in der Du ihr begegnet bist?", fragte ich weiter. „Ja, das kann ich, sehr gut sogar. Es war eines Nachts, als sie in ihrem Kinderbettchen lag. Ein Erwachsener war da und küsste und liebkoste sie eine gefühlte Ewigkeit. Da war ich dann da und bin nicht mehr weggegangen." „Hatte Lena Angst?", wollte ich von ihm wissen. „Sie war verwirrt und konnte diese Liebkosungen nicht einordnen. Ob sie ängstlich war, weiß ich nicht, aber sie wollte, dass das aufhört." „War sie sehr klein?"

„Ja, sie war noch sehr, sehr jung – etwa fünf Jahre alt!" Mir wurde mulmig, denn ich spürte, wie Lena sich verkrampfte und sich sehr lebhaft an die Situation erinnerte. Ich bekam eine Idee davon, dass es sich bei dieser Situation um ein Trauma für die kleine Lena handelte und um eine Reaktivierung zu vermeiden, lenkte ich das Gespräch behutsam wieder ins Hier und Jetzt. „Sag mal Widerstand, Lena hat ja wirklich schon viel Stärke dazu gewonnen und ist jetzt erwachsen geworden. Meinst Du, dass sie noch in Gefahr ist?" „Nein, sie ist nicht mehr in Gefahr. Sie kann ja jetzt sagen, was sie möchte und was nicht.", antwortete Lenas Widerstand. „Ja, das sehe ich genauso wie Du. Du hast gesagt, Du möchtest ihr nicht mehr im Weg stehen. Es macht Dich betroffen, dass Du einen falschen Platz hast. Möchtest Du Lena einmal fragen, wo Du Dich hinstellen kannst, damit Du sie wieder, wie früher, unterstützen kannst, anstatt sie zu behindern?" Lena, auf der Position des Widerstandes nickte und formulierte eine Botschaft an Lena. „Lena, ich möchte Dich unterstützen und Dir nicht im Weg stehen. Kannst Du mir dabei helfen, mich so zu stellen, dass wir wieder ein Team sind?" „Danke lieber Widerstand von Lena", sagte ich und bat Lena wieder ihren ersten Platz einzunehmen. Lena wechselte den Platz und ich stellte mich mit zu ihr. „Hallo Lena, ich habe mich gerade mit Ihrem Widerstand unterhalten. Haben Sie seine Frage gehört?", fragte ich Lena. „ Er hat gefragt, wie er Sie unterstützen kann, ohne Sie zu behindern." Lena war in sich gekehrt. Sie begann zu weinen. „Wie geht es Ihnen gerade Lena?" „Ich bin traurig. An diese Situation, von der die Widerstand gerade gesprochen hat, hatte ich gar nicht mehr gedacht. Es stimmt, da kam der Widerstand." „Seitdem sind 28 Jahre vergangen und er hat Sie seither immer begleitet?" Lena nickte und vergrub ihr Gesicht in den zittrigen Händen. Ich streichelte ihren Arm und reichte ihr ein Taschentuch. Ich spürte, dass ihr das

Weinen gut tat und sie nicht wieder in ihre damalige Erstarrung hineinkatapultierte. Es waren Tränen der Trauer, nicht der Verzweiflung. Es waren erwachsene Tränen und keine Kindertränen mehr. Ich ließ ihr Zeit zu weinen. „Wissen Sie, ich bin ihm sehr dankbar für vieles. Durch ihn habe ich gelernt, zu unterscheiden, was ich möchte und was nicht. Aber ich glaube, seit einiger Zeit missbrauche ich ihn.", sagte sie, nachdem sie sich wieder beruhigt hatte. „Wie meinen Sie das, Lena?", hakte ich nach. „Ich meine, nicht er steht mir im Weg, sondern ich mir selbst. Ich traue mich nicht, mich auf jemanden einzulassen aus Angst vor Verletzung, dabei schiebe ich immer meinen inneren Widerstand vor. Es ist der kindliche Teil in mir, der sich vor Nähe und Vertrauen fürchtet. Ich bin in Situationen, in denen es um Genuss geht und darum loszulassen oft nicht anwesend, sondern mein inneres Kind.", erklärte mir Lena. „Sagen Sie das dem Widerstand.", forderte ich sie auf. „Mein lieber Widerstand, Du bist es nicht, der mich stört. Du hast schon einen guten Platz. Ich bin froh, dass es Dich gibt. Du bist durchlässig. Ich kann durch Dich hindurchsehen. Du stehst mir gar nicht im Wege, sondern es ist mein inneres Kind von damals – das missbrauchte, verunsicherte und allein gelassene Kind in mir.", erklärte sie daraufhin ihrem inneren Widerstand.

Danach bat ich sie erneut um einen Rollentausch. Lena stellte sich wieder an die Position ihres inneren Widerstandes und ich sprach ihn erneut an. „Hallo Widerstand von Lena, hast Du gehört, was Lena Dir zu sagen hat? Sie weiß, dass sie Dich ab und an vorschiebt, weil sie in manchen Momenten nicht erkennt, dass es sich gar nicht um Dich handelt, sondern um die kleine Lena.", wiederholte ich Lenas Botschaft, um den Dialog zu verstärken." Kannst Du da mitgehen?" „Ja!", sagte der Widerstand, „ Ich bin froh, dass sie das erkannt hat. Ich finde sie toll. Ich bin schon längst in den Hintergrund gerückt. Schön, dass sie das sieht und weiß, dass ich ihr nichts tun will." Ohne lange zu warten, wies ich erneut einen Rollentausch an und schlug ihr vor, „ Lassen Sie uns noch einmal in den Dialog mit Ihrem verletzten inneren Kind gehen. Ich glaube, dass Sie auch diesem Teil in sich noch einmal sagen sollten, dass andere

Zeiten angebrochen sind und dass Sie jetzt da sind und auf die Kleine aufpassen." Lena zögerte. „Aber das habe ich doch schon so oft gemacht." „Ich weiß, Lena. Es gibt da aber anscheinend immer noch Bedarf von Ihrem inneren Kind, gesehen zu werden. Geben Sie auch an die Kleine nochmal die Information weiter, dass Sie jetzt auf Sie aufpassen und erwachsen geworden sind." Also sprach Lena ihr inneres Kind an, was sie zuvor durch einen weiteren Stuhl im Raum platziert hatte.

„Meine Kleine, es ist alles gut. Ich bin da, jetzt und für alle Zeit. Weißt Du, ich bin erwachsen geworden – wir sind erwachsen geworden. Es besteht keinerlei Gefahr mehr. Niemand kann Dir mehr etwas tun und auch mir nicht. Wir sind in Sicherheit. Der Mann an unserer Seite tut uns nichts. Er liebt uns und wird uns nicht wehtun. Ich beschütze Dich. Wir können aufatmen. Der Spuk ist vorbei. Wir entscheiden jetzt, was wir möchten und was nicht. Du bist sicher an unserem inneren sicheren Ort. Vertrau mir." „Sehen Sie die Kleine vor sich, Lena?", fragte ich sanft. „Ja, ich bin gerade an unserem sicheren Ort und spreche mit ihr. Ich habe mich zu ihr hingehockt und sie auf den Arm genommen. Sie ist immer ganz selig, wenn ich da bin.", beschrieb mir Lena die Szenerie vor ihrem inneren Auge. „Was sagt sie? Kann sie sie verstehen?", fragte ich weiter. „Sie nickt und lächelt und hält sich an mir fest. Sie ist erleichtert und sagt, sie müsse es immer mal wieder hören, weil sie das so schnell vergisst."

„Können Sie ihr diesen Wunsch erfüllen?", fragte mich Lena. „Natürlich", antwortete Lena prompt. „Sagen Sie ihr das!", forderte ich sie auf. „Ich kann Dich gern so oft Du willst, daran erinnern, Kleines. Wir sind nicht mehr in Gefahr. Wir können frei und ungestört den Genuss des Lebens erkunden. Alles ist gut!", versicherte Lena liebevoll ihrem inneren Kind. „Vielleicht bitten Sie sie noch, sich nun ungestört dem Spielen hinzugeben und Kindersachen zu machen, anstatt sich zu sorgen. Sie kann spielen gehen und sich auf Sie verlassen." Mit diesem Vorschlag war Lena mehr als einverstanden. „Ja, genau. Kleines? Ich möchte, dass Du jetzt einfach spielen gehst und unbeschwert bist. Ich kümmere mich um den Rest. Ich kann Unrecht von Recht unterscheiden und sorge dafür, dass mich die Erwachsenensachen wie Sex und Nähe erreichen und Dich nur die spielerischen Sachen wie mit anderen Kindern zu spielen oder mit Freunden rumalbern. O. k.?" „Was sagt sie dazu?" „Sie nickt wieder , winkt noch und lacht ihr bezauberndes Kinderlachen.", erwiderte sie mir. „Sehr schön, Lena. Ich denke, das reicht für heute. Soweit erst einmal. Ist das o. k.?" Lena nickte und lächelte und war gar nicht mehr wütend als sie die Tür hinter sich schloss.

Lena

Mit den Paarbeziehungen in meiner Kernfamilie ist es so eine Sache. Ich habe das Gefühl, dass ich mich von meiner Mutter und auch meiner Schwester abnabeln muss, damit ich Beziehung anders leben kann, als sie es können. Gerade meine Mutter lebte mir und Maja ein merkwürdiges Beziehungsmuster vor. Aber auch mein Vater trägt es mit, dass er abgelehnt und gleichzeitig geliebt wird.

Ich schäme mich, dass ich mit den beiden liebsten Frauen in meinem Leben so verstrickt bin, dass ich mich entfernen muss, um anders mit meinem Mann umgehen zu können. Ich will mich nicht von meiner Mama und meiner Schwester entfernen. Ich habe Angst, dass ich mich mit dem Verhalten und ihren Einstellungen, was Beziehungen angeht, anstecke bzw. nicht davon loskomme. Das kränkt sie maßlos. Ich möchte beispielsweise meinen Mann nicht vorführen, weil ich nicht aushalte, dass er kein Feind ist, sondern mein engster Vertrauter. Klar ist er eine große Gefahr, denn er ist der Mensch, der mich am meisten verletzen kann, wenn ich ihn nahe an mich heran lasse. Ich glaube, auch aus diesem Grund fällt es meiner Mutter schwer, sich meinem Vater hinzugeben. Sie traut sich nicht, das Risiko einzugehen, verletzt zu werden. Mein Vater weiß das und weil er sie liebt, hält er es aus. Ich möchte das Risiko von echter Verbindung aber eingehen, weil ich Zweisamkeit genießen und zu meinem Mann stehen möchte.

Ich glaube, ich wirke arrogant, weil ich es nicht für gut heiße, wenn die Frauen in meiner Familie immer mit dem Finger auf den Partner zeigen. Da ich selbst eine Frau bin, ernte ich Unverständnis von ihnen, wenn ich mich auf die Seite der Männer in der Familie schlage. In erster Linie möchte ich mir selbst gegenüber loyal sein, aber ich möchte auch von allen meinen Familienmitgliedern ehrlich angenommen werden. Ich glaube, dass ich mich zurücknehmen sollte. Wenn harte Worte fallen, über die mein Vater lachen kann, weil er seine Frau kennt und sie liebt und versteht, dass sie gar nicht böse gemeint sind, sollte ich ebenfalls darauf vertrauen und nichts mehr kommentieren. Die Angst, ich könne mich von dem erlernten Modell nicht lösen, ist sehr groß. Daher sage ich dann meist etwas und stelle damit meine Mutter bloß. Es ist zum Verrückt werden. Ach wie schön es wäre, wenn wir alle Bindung und Nähe vertragen könnten und nicht jede Minute >>beweisen<< müssten, dass wir ja ach so unabhängig und selbstbestimmt sind. Ist man das denn, wenn man das beweisen muss? Ich sehe meinen Mann als meinen Gefährten und besten Freund. Ist das unsexy? Aber wer, wenn nicht er, ist mir denn am nächsten? Vielleicht ist es einfach auch so, dass es für alle eine Umstellung ist, dass ich mich abgrenzen will – nicht gegen die anderen, sondern für mich selbst. Jeder weiß, wie schwer es ist, erlernte Beziehungsmodelle anders zu leben.

Der Widerstand blieb drei Tage aus. Jetzt langsam schleicht er sich manchmal wieder ein. Was ich wohl tun kann, um ihn zu integrieren? Ach, es wäre wundervoll, könnte ich ihn lieben lernen.

Frau Jungmann

Gestern Nacht rief mich Lena an. Sie sprach auf den Anrufbeantworter meiner Praxis. Sie klang verheult und furchtbar ratlos. Ich war betroffen. Es tut mir immer leid, wenn Klienten Rückschläge erleben, obwohl ich weiß, dass Rückschläge gute Vertragspartner sind, wenn Veränderungswünsche bezüglich des eigenen Verhaltens bestehen. Ohne sie würde der Mensch sich nicht weiter entwickeln. Die Rückschläge sind es, die uns immer wieder motivieren, voranzuschreiten. Aber Lena schätzte das gar nicht, was ich natürlich verstehen konnte. Sie klang hilflos und kindlich auf dem Band.

„Hallo Lena.", begrüßte ich sie zu unserer kurzfristig einberufenen Sitzung. „Hallo Frau Jungmann. Ich danke ihnen, dass Sie so schnell einen Termin für mich dazwischen schieben konnten. Ich hätte nicht gedacht, dass das heute schon klappt." „Was war los, Lena?", fragte ich sie interessiert. „Ach, ich war gestern Abend bei meinem Mann. Er hat mich von der Arbeit abgeholt und wir sind gemeinsam zu ihm gefahren. Da war noch alles ok. Nachdem ich duschen war, machte ich das Essen fertig. Er heizte währenddessen den Ofen an und anschließend hängten wir gemeinsam die Wäsche auf. Als wir dann beim Essen saßen, kam er kurzerhand zu mir herüber und küsste mich am Hals. Es war nur eine flüchtige Geste, doch ich zuckte zusammen, wehrte mich augenblicklich und erschrak so furchtbar über meine Reaktion, dass ich in ein Verhalten verfiel, dass sich mehr und mehr zuspitzte. Ich war sehr erschrocken darüber, dass es mir nicht angenehm war, dass er mich küsste und ich habe mich gleichzeitig gehasst für meine Reaktion.", schilderte mir Lena. „Was ist dann passiert?", wollte ich von ihr wissen. „Ich bin ins Schlafzimmer gegangen, war ganz still und konnte keine Worte finden für meinen Zustand. Ich habe mich gefühlt wie ein Kleinkind. Im Schlafzimmer habe ich dann alles Mögliche versucht, um diese Wut loszuwerden. Ich habe erst in die Luft getreten ein paarmal, dann habe ich geheult, weil das manchmal auch guttut, aber es wurde nur noch schlimmer. Mein Mann hatte das Gefühl, ich wolle allein sein und ließ mich in Ruhe. Nun empfand ich mich auch noch als eine Belastung für ihn und anstrengende Verrückte und verfiel immer mehr in mein kindliches Muster eines misshandelten Mädchens. Dazu kamen eine unbändige Wut und das Bedürfnis, meinen Mann zu misshandeln. Ich schäme mich so, aber es stimmt, alles Mögliche wollte ich ihm antun, einfach, weil er ein Mann ist." Lena weinte. Ich reichte ihr ein Taschentuch. Sie sah mir nicht in die Augen während sie erzählte. Die Tränen rannen über ihr Gesicht und ich spürte ihre tiefe Verzweiflung, die sich mit Scham- und Schuldgefühlen mischte. „Wie sind Sie dann wieder Herrin ihrer Gefühle geworden? Sie sitzen ja jetzt hier." „Ich habe, wie früher, meine Mama angerufen und da noch einmal richtig heulen können. Es gibt Situationen, in denen ist das das Einzige, was mir hilft. Ich hasse mich dafür – ich bin 32 Jahre alt und muss Mutti anrufen, um wieder klar zu kommen. Ich will das alles nicht mehr.", klagte Lena. „Vielleicht glauben Sie aber unterbewusst, dass es so sein soll?", räumte ich ein, woraufhin Lena nur einen empört fragenden Laut zustande brachte. Also fuhr ich fort. „Kennen Sie das Gesetz der Resonanz?" Lena schüttelte den Kopf und sah angriffslustig aus. Mein Gefühl sagte mir, dass sie keine tröstenden Worte mehr brauchte, denn die hatte sie schon zur Genüge gehört und immer wieder war sie in ihr Muster der Opferhaltung zurückgerutscht. Sie benötigte klare Ansagen und Unterstützung ihren eigenen Kreislauf zu durchbrechen. Ich traute ihr, so wie jedem meiner Klienten zu, dass sie mit genügend Klarheit ihre Realität verändern konnten, so erklärte ich ihr, „Das Gesetz der Resonanz bezeichnet das Phänomen, dass Sie im Außen das finden und erfahren werden, wofür Sie in sich selbst eine Einstellung besitzen. Das was Sie erleben ist also der Spiegel Ihrer persönlichen inneren Einstellung und Haltung. Wenn Sie sich über eigenes Verhalten oder das eines anderen Menschen aufregen, so deutet das darauf hin, dass Sie selbst die Einstellung in sich tragen, dass das so sein soll, sonst würden Sie es nicht anziehen. Das Thema hätte sich ohne Resonanz und Anziehung nie ergeben können. Bitte verwechseln Sie das nicht, Anziehung und Resonanz bedeuten nicht, dass man das Thema innerlich doch befürwortet. Es bedeutet nur, dass Sie es in Ihrem Inneren vor sich hertragen - wenn auch unbewusst. Jeder Mensch nimmt nur den Bereich der Wirklichkeit wahr, für den er resonanzfähig ist. Alle ausgesandten Gedanken kehren zu ihrem Ursprung zurück. Wenn Sie denken und/oder empfinden >>ich werde mich immer vor Sexualität und Nähe jeglicher Form sträuben, wenn mich jemand ohne mein Zutun berührt oder küsst<<, werden Sie dementsprechend Situationen anziehen, die Sie in Ihrer Einstellung zu diesem Thema bestätigen werden. Es genügt auch Schuldgefühle zu haben, weil Sie Sexualität hin und wieder doch zugelassen haben, ohne dass Sie es wollten. Dieses Gesetz bedeutet auch, dass Sie immer nur Ihrer eigenen Spiegelung begegnen können. In der Partnerschaft spiegelt Ihr Partner Ihnen die eigenen Schattenseiten, die man bei sich nicht wahrnimmt oder sogar ablehnt, wider. Das können traumatische vergessen Kindheitserlebnisse sein oder auch Lebenserfahrungen.

Die wenigsten erkennen in Beziehungsproblemen das Gesetz der Resonanz und versuchen zunächst die Schuld beim Partner zu finden oder haben selbst Schuldgefühle. Das Prinzip der Resonanz besagt kurzum, dass sich das in Ihrem Leben verwirklicht, worauf Sie Ihre Aufmerksamkeit lenken, im Guten wie im Schlechten - ohne Ausnahme.", beendete ich meine Ausführungen.

Lena hatte aufmerksam zugehört. Sie sah so aus, als verstünde sie, worum es mir ging. Wir schwiegen einige Zeit und ich ließ ihr Zeit, meine Erklärung wirken zu lassen.

Nach ein paar Minuten wandte sie sich mir wieder zu. „Also, um das nochmal zu verstehen, Sie meinen, dass ich eine Art Scheinwerfer in meinem Kopf habe, der mir nur die Dinge und Situationen im Außen zeigt, die in meinem Unterbewusstsein verankert sind?" Das hatte sie sehr gut erfasst, wie ich fand. „Ja, so könnte man das sagen. Sie fokussieren Ihre Ängste und schlechten Erfahrungen und wissen dabei gar nicht, was Sie damit für ein Ziel verfolgen. Wissen Sie überhaupt, ob Sie die Dinge anders sehen wollen, nämlich NICHT gegen Sie gerichtet und NICHT darauf aus, Sie zu kränken?", fragte ich sie etwas provokativ. „Aber ich will doch glücklich sein.", gab sie sich verteidigend zurück. Das reichte mir nicht, also ging ich noch einen Schritt weiter. „Lena, das kann ich nicht wirklich mit Gewissheit bestätigen, wenn ich Sie so reden höre. Ich glaube, Sie wollen das Vertraute haben und das bedeutet, dass Sie die Rolle des Opfers bevorzugen." Lena schnappte nach Luft. Ich war hart zu ihr. Aber wenn sie wirklich etwas anders machen wollte, würde sie meine Worte überdenken. Um ihr zu verdeutlichen, fuhr ich fort und erklärte, „In der Kindheit wurden wir auf bestimmte Dinge geeicht und seitdem haben wir uns nicht mehr bewusst um diese Dinge gekümmert. Je nachdem, was uns während des Heranwachsens passiert ist, widmen wir eine gewisse Zeit dem, was wir uns wünschen, und auch eine gewisse Zeit dem, was wir uns nicht wünschen. So oder so wird der entsprechende Gedanken- und Gefühlsinhalt früher oder später eintreten."

„Wenn ich mich aber auf das konzentriere, was ich mir wünsche, woher weiß ich dann, dass ich mich nicht belüge?", wollte sie von mir wissen. „Lena, wie lange wollen Sie noch passiv in Ihren Gefühlen schwimmen? Sie wissen um die Intensität Ihrer Gefühle. Bedenken Sie die Forschungsergebnisse bei Borderline bezüglich der emotionalen Spannung. Neun Mal intensiver als bei Nicht – Borderlinern. Wissen Sie noch?", fragte ich sie. „Der innere Kritiker in Ihnen leitet ihr Gefühl hauptsächlich. Er hat die Macht. Sie müssen sie ihm aktiv entziehen. Immer wird er sich zu Wort melden und etwas dagegen haben, dass Sie loslassen, dass Sie unbeschwert sind, und dass Sie darauf vertrauen, dass sich Ihr Mann Sie begehrt, weil Sie Sie sind. Sie wissen um all die Dinge, aber sie setzen Sie nicht um. Das Wissen allein reicht jedoch nicht aus. Sie müssen etwas tun Lena, Ihren Scheinwerfer neu ausrichten. Die schönen Dinge sehen ohne die Wenn und Aber. Der erste Schritt ist also die Konzentration auf Ihren Wunsch. Dieser Schritt führt zu Ideen diesbezüglich, wie Sie vorgehen könnten, um ihn zu verwirklichen. Als nächstes werden Sie immer mehr Möglichkeiten bemerken, wie Sie zu Ihrem Ziel gelangen können. Aber Sie sitzen da an Ihrem Platz fest und schauen verzweifelt durch die Gegend, schämen sich, haben Schuldgefühle, sind sauer auf Ihren Mann, dabei sind Sie immer noch und jedes Mal und Ihr ganzes Leben lang der Schlüssel." Ich fing an zu schwitzen. Meine Kollegen würden jetzt vermutlich aufschreien und sagen: >>Wenn Du arbeitest, läuft etwas falsch. Gib die heiße Kartoffel zurück. Der Klient muss arbeiten <<. Aber ich gebe manchmal ehrlich gesagt nichts darauf, dass professioneller Abstand das A und O ist. Mir war danach, Lena den Kopf zu waschen, denn sie stand vermutlich seit Monaten oben auf der Brücke an einem Bungeeseil befestigt, ohne sich zu trauen, wirklich zu springen und das musste sie nun einmal, wenn sie ihr Ziel erreichen wollte. Wer springt schon freiwillig in einen Abgrund, wovon er nicht weiß, ob das Seil hält. Ich war hier die Erfahrenere und ich musste ihr klar machen, dass das Seil halten würde. Da kommt man schon mal ins schwitzen. Ich wusste schon jetzt, dass ich heute Abend ganz dringend in die Sauna musste, um mich wieder von diesem Fall zu distanzieren. Trotzdem fuhr ich fort, „Je mehr Sie sich auf das Gewünschte konzentrieren, desto mehr entwickeln Sie eine Reihe weiterer Fertigkeiten, die mit der Zeit zum festen Bestandteil ihrer Persönlichkeit werden. Wenn Sie zurückschauen auf das, was Sie bislang erreicht haben, werden Sie mir Recht geben. Sie werden sehen, welche enormen Vorteile es mit sich bringt, sich auf das Gewünschte aus zu richten, den Fokus immer auf dem Angestrebten zu halten. Sie werden auf Menschen, Umstände und Dinge aufmerksam, die Sie sonst nie bemerkt hätten und entwickeln eine Reihe weiterer positiver Eigenschaften, Fähigkeiten und Möglichkeiten. Falls Sie sich je gewundert haben, woher manche Leute so viele Ideen haben, wieso sie immer wieder auf neue Gelegenheiten stoßen, und woher sie ihre Motivation nehmen, haben Sie jetzt die Antwort für Ihr Glück gefunden. Dem liegt zugrunde, dass diese Menschen ihren Fokus auf das Gewünschte lenken und halten. Ständig! Und dass sie daraufhin aktiv werden, OHNE ANGST!

OHNE AUSREDEN! Sie beginnen mit der Frage, >>Was kann ich tun um Glück zu bekommen? <<.

Damit möchte ich für heute schließen, Lena. Sie sehen so aus, als müssten Sie meinen Vortrag erst einmal verdauen. Ich bin jetzt auch geschafft. Laufen Sie los. Hörn Sie auf zu jammern."

Lena nahm ihre Jacke und ging, ohne sich zu verabschieden. Ich hatte dennoch ein gutes Gefühl.

21. GLÜCK

Lena

Als ich Frau Jungmann´s Praxis verlassen hatte, stand ich auf der Strasse im Regen und hätte am liebsten laut losgebrüllt: >> Ja!!! Ich weiß das, Du alte Ziege. Sei Du mal in meiner Lage. Ich will ja Glück! Ich will es. Ich will es, Du blöde Kuh! <<. Aus der Wut wurde einige Minuten später der Drang, endlich mutig zu sein. Ich fühlte die Kraft und den nötigen Tatendrang, um mich aus der Opferhaltung zu schälen. Sie hatte ja recht, aber es ist sehr unangenehm, wenn jemand einem so den Kopf wäscht. Unzulänglich fühlt man sich dann und klein.

Was kann ich also tun, um Glück zu bekommen? Erst einmal muss ich davon überzeugt sein, dass ich es verdiene. Groß auf einen Zettel geschrieben, werde ich mir das gleich an den Badezimmerspiegel kleben.

Was noch? Was trage ich dazu bei, dass ich mein Ziel noch nicht erreicht habe?

Ich flenne laufend rum, anstatt die Dinge in die Hand zu nehmen. Da hat die Psychologin schon Recht. Ich bin ein freier Mensch. Ich darf zu meinen Bedürfnissen stehen und sie auch ausdrücken. Ich sollte dankbar sein, dass es einen anderen Menschen in meinem Leben gibt. Und wenn ich einmal sauer bin, weil der andere mich enttäuscht hat, dann bin ich eben sauer. Das vergeht auch wieder, und ich kann klar sagen, wass mich nervt oder traurig macht. Das bedeutet ja nicht, dass der andere sich fügen muss. Es ist zumindest einen Versuch wert und viel besser als bockig und heulend dazusitzen und nichts zu tun. Wenn ich mich entschieden habe, dass ich mit meinem Mann glücklich sein will, dann geschieht das auch ohne dass sich der eine oder der andere verbiegen muss. Ich habe Würde und kann mein Glück sehen, wenn ich es zulasse. Wenn ich traurig bin, heißt das nicht zwangsläufig, dass ich unglücklich bin. Jetzt wird es schon schwieriger:Ich bin niemandes Eigentum und niemand ist mein Eigentum. Ich habe Glück verdient und ich kann es erreichen. Anders und besser noch – es ist bereits in mir – ich brauche es nur bejahend anzunehmen. Das geht jedoch erst dann, wenn ich auch meine Wut, meinen Schmerz, meine Scham, meinen Widerstand bejahend annehme. Ich erwarte von meinem Mann, dass er mich glücklich macht, doch das kann er gar nicht – nur ich allein kann das. Ich kann mein Glück teilen, aber niemand anderes als ich kann mich glücklich machen. Habe noch einmal darüber geweint, dass ich die Dinge selbst in Angriff nehmen muss, und jetzt geht es los. Ich will und ich kann mich anders verhalten und mein Leben so gestalten, dass ich glücklich und frei sein und in Zweisamkeit vertrauen kann, anstatt Angst zu haben. Alles ist gut. Ich bin stark. Ich verdiene Glück. Ich schaffe das mit Leichtigkeit.

22. Zehnte Sitzung

Frau Jungamnn

Vermutlich hätte ich mich sorgen sollen, da die nächste Sitzung mit Lena bevorstand. Schließlich hatte ich sie provokant forwärts getrieben. Aber mein Bauchgefühl sagte mir, dass ich mich nicht sorgen musste. Meine Berufserfahrung sagte mir, dass ich im richtigen Moment die richtigen Worte gewählt hatte. Ich glaube, dass viele Therapeuten zu zaghaft sind, weil es immer heißt, dass jeder Klient seine eigene Geschwindigkeit bezüglich Veränderungen hat. Das stimmt so auch. Gleichzeitig gibt es Klienten, die sich im Kreis drehen. Es mag sein, dass ich mich irre, aber dieses Risiko gehe ich immer wieder ein. Ich gehe es ein, weil ich meinen Beruf ernst nehme. Viele meiner Kollegen scheuen sich davor, die Klienten zum Weinen zu bringen. Ich nicht, denn ich weiß, dass eine gute Sitzung nicht bedeutet, dass ich den Klienten glücklich mache. Es geht vielmehr darum, sie zu motivieren, alte, destruktive Wege zu verlassen.

„Hallo Lena, wie geht es Ihnen heute?" „Hallo! Die Sonne ist endlich einmal wieder da. Das macht erheblich etwas mit meinen Gefühlen. Ich bin gerade sehr stark und mutig und gelassen." Was Lena sagte, strahlte sie in diesem Moment auch aus. Sie wirkte recht ausgeglichen. „Wie ist es ihnen bezüglich ihres Liebesglücks in der Zwischenzeit ergangen?", fragte ich direkt nach. „Erstaunlich gut. Im Moment läuft es wirklich entspannt. Ich habe es irgendwie geschafft, mich einzulassen. Im Moment sehe ich meinen Mann nicht als eine Bedrohung und das schon seit einiger Zeit nicht mehr. Ich habe mich nach unserer letzten Sitzung hingesetzt und mich mit der Frage befasst, was ich denn nun leben möchte – Vertrauen oder Misstrauen. Mir war vorher noch nie so klar gewesen, dass dies mal wieder einer bewussten Entscheidung bedarf. Ich möchte mich vertrauensvoll einlassen. Ich möchte nicht mehr zweifeln und Angst haben. Ich habe einfach keine Lust mehr darauf. Ich habe akzeptiert, dass ich für mich verantwortlich bin und nicht mein Partner. Das ist wirklich schön und friedlich ist es in mir. Das ist wunderbar. Im Moment gehen wir einen gemeinsamen Weg und jeder für sich geht seinen eigenen parallel weiter. Und das ist gerade das, was angenehm ist. Ich versuche, den anderen so sein zu lassen wie er ist, darauf zu vertrauen, dass alles gut ist und anzuerkennen, dass ich nur für mich allein verantwortlich bin. Frau Jungmann ich bin so selig zurzeit. Ich danke Ihnen.", schloss Lena ihre Schilderungen.

„Ach Lena, danken Sie sich selbst. Sie haben verstanden, dass Sie die Macht haben zu entscheiden, was Sie denken. Ich bin sehr stolz auf Sie. Wenn Sie das halten können, indem Sie weiterhin zulassen und loslassen, dann wird es weniger Zeiten geben, in denen Sie zweifeln." Hier unterbrach mich Lena. „Naja, eigentlich hoffe ich, dass die Zeiten von Zweifel und Erwartungen an den anderen vorbei sind." „Das kann ich mir vorstellen.", gab ich zurück, „ aber Sie wissen doch, das ganze Leben ist ein Prozess des Lernens und Entwickelns. Es werden Tage kommen, an denen Sie sich zurückgeworfen fühlen in alte Denkmuster. Dessen sollten Sie sich bewusst sein.", ermahnte ich Lena. Ich fürchtete, dass sie zu hohe Erwartungen an sich selbst stellen und dann gegebenenfalls enttäuscht sein würde. Also versuchte ich, ihr Werkzeuge an die Hand zu geben, mithilfe derer sie aktiv bestimmen konnte, wohin die Reise gng.

„ Was meinen Sie, woran könnten Sie merken, dass Sie kurzzeitig den Rückwärtsgang eingeschaltet haben und was könnten Sie dann tun? Es ist wichtig, dass Sie sich bewusst machen, was Sie getan haben, um Ihren jetzigen Zustand zu erreichen, damit sie Handwerkszeuge haben, wenn es Ihnen einmal nicht gut gelingt, sich selbst als wichtigsten Menschen zu lieben und zu ehren." „Ich glaube, ich weiß, was Sie meinen.", ging Lena auf meine Frage ein. „ Ich erwische mich manchmal dabei, wie ich für Sekunden ins Straucheln komme, und versuche dann, das Gefühl von Misstrauen loszuwerden. Aber genau das hilft ja nicht. Es gab beispielsweise eine Situation vor ein paar Tagen. Als ich am Morgen aufwachte, lag mein Mann im Nebenzimmer auf der Couch und nicht bei mir. Das war ein komisches Gefühl. Es war als wolle er nicht bei mir sein, aber ich ignorierte das Gefühl und sagte mir, dass es sicher nicht böse gemeint ist. Das klappte auch ganz gut. Dann fuhr ich zur Arbeit, wo mich ein schwieriges Gespräch erwartete. Schwierig deshalb, weil ich es nicht mag, unangenehme Themen anzusprechen. Da kommen dann alte Kinderängste hoch, dass ich dann nicht mehr gemocht werde oder Ärger kriege. Dazu kam, dass mein Mann mir an diesem Tag auch stundenlang keine SMS geschrieben hatte und als ich dann zum Feierabend so auf den Zug wartete, sagte es plötzlich in mir, >> er liebt mich nicht mehr<< oder anders >>er findet mich gerade eklig oder unangenehm<<. „Was haben Sie dann getan, als Sie das gefühlt haben?", fragte ich daraufhin. „Erst einmal habe ich zur Kenntnis genommen, dass durch das Gespräch auf der Arbeit mein kindlicher Anteil und alte Ängste erwacht waren. Dann habe ich meinem Mann eine SMS geschickt, in der ich ihn fragte, ob alles gut sei bei uns, aufgrund der eben genannten Befindlichkeiten und Ereignisse." „Sie haben ihm die drei Dinge geschrieben?", vergewisserte ich mich kurz bei Lena, „Ja. Das hatte schon mal zur Folge, dass ich wieder etwas in mein erwachsenens Ich reinrutschen konnte. Aber komisch war mir dann immer noch." „Was haben Sie dann gemacht?", fragte ich weiter. „Ich…, lassen Sie mich überlegen, ich habe mich beruhigt, indem ich mir immer wieder sagte, dass es doch normal ist, sich nach so einem Gespräch doof zu fühlen und habe mich überprüft, ob ich mich auch ohne dieses Gespräch so doof fühlen würde bezüglich meiner Zweifel mit meinem Mann und seiner eventuellen Ablehnung und ich bekam ein klares *Nein* aus meinem Herzen zurück. Er schrieb mir dann auch gleich ein paar Minuten später, dass er geschlafen habe und noch gar nicht richtig wach sein und das er mich noch möge. Dahinter setzte er ein Küsschen. Dann war das Gefühl wieder einsortiert und ich konnte nun überlegen, was ich mir Gutes tun könnte, um meinen kindlichen Anteil zu trösten und ihm die Sorge zu nehmen. Wichtig dafür war wieder die Erkenntnis, dass nur ich als die Erwachsene dies tun konnte und mein Mann lediglich seine Unterstützung in Form einer wertschätzenden Antwort geben konnte.", schilderte mir Lena. „O. k, also haben Sie ganz klar und bewusst mit den folgenden Schritten einen angenehmeren Zustand für sich hergestellt: 1. Achtsamkeit für Ihr Gefühl, ohne es zu bewerten, 2. Erforschung der eventuellen Ursachen, 3. Ansprechen von Sorgen mit der Erklärung, warum Sie diese gerade fühlen könnten, und 4. Verantwortung für sich selbst übernommen und den Zustand nicht erduldet, sondern nach Gestaltungsmöglichkeiten gesucht.", fasste ich Lenas Strategie noch einmal für sie zusammen.

„Ja, genau." „Das ist super Lena! Also können Sie anhand der Gefühle, die Sie beobachten, ohne sich über sie zu ärgern, feststellen, dass in Ihnen gerade etwas gekränkt, verunsichert oder verärgert ist und dann handeln!", freute ich mich für sie. „Es war schwer, ihn nicht mit Vorwürfen zu bombardieren. Das wäre einfacher gewesen, aber auch kindlich und ungerecht. Und wie ich ja bereits sagte, habe ich mich entschieden, erwachsen zu handeln und selbstverantwortlich. Das ist schwieriger, als andere verantwortlich zu machen, aber langfristig gesehen nährt es die Selbstliebe und die eigene Würde und Unabhängigkeit, denke ich."

„Genau, und Sie haben sich darüber hinaus keine Vorwürfe gemacht, für Ihr unangenehmes Gefühl. Das ist auch sehr wichtig. Denn Sie wissen ja, Sie können nichts für Ihre Gefühle, aber Sie können sie verwandeln. Super, dann freue ich mich darauf, was Sie mir nächstes Mal berichten. Soweit erst einmal.", verabschiedete ich Lena. „Ja, bis dann. Tschüss!"

Eine Nacht am Meer

Die kalte Nacht umweht mein Angesicht

Ich liege wach und frage nichts.

Ganz still und leise lächelnd bin ich hier

Ein Leben voller ich und wir

Wer hätte sagen können,

dass es einst doch nochmal geschieht

Wer hätte fragen können:

Meinst du, du bist nochmal verliebt?

Die kalte Märzluft schmerzt mich im Gesicht

Der Ostsee Rauschen ist wie ein Liebeslied für mich.

Ich sitze hier,

schau dir beim Schlafen zu

Hab keine Sorge, dass ich mich verlier´

Welch´ Segen und welch inn´ge Ruh.

Es tut mir gut, in mir zu Haus zu sein,

dabei zu wissen, dass ich nicht sterbe ohne dich.

Ich liebe mich und reiße Stein für Stein

Die Mauer und den Schutzwall um mich ein

Weil ich nun weiß, dass Liebe mich umgibt und Licht

Weil ich nun weiß, es braucht nur mich

Um schön zu sein,

zu strahlen ewiglich.

Lena Jungmann

24. RUHE UND GENUSS

Frau Jungmann

Ich gönne mir eine Auszeit und bin mit meinem Mann an die Ostsee gefahren. Eine Auszeit von meiner Arbeit als eine Frau, die hauptsächlich damit beschäftigt ist, Beziehungen zu ihren Klienten aufzubauen, um sie dann wieder ziehen zu lassen. Die kalte salzige Meeresluft und der Schnee helfen mir, den Kopf frei zu kriegen. Ich erinnere mich, während ich auf die eisige See schaue an meine Anfänge als Psychologogin. Das Ausbalancieren von Nähe und gesundem Abstand ist schon oft ein Drahtseiltanz gewesen. Am schwierigsten für mich war die Zeit, während der ich im Kontext von Unfreiwilligkeit gearbeitet habe. Dabei war jedoch nicht die Arbeit mit der Klientel am schwierigsten, sondern die Arbeit mit dem Team. Es war weitaus schwieriger, die Kollegen nicht zu nahe kommen zu lassen, als die Klientel. Ich hatte immer Schwierigkeiten, mich abzugrenzen, wenn sie mir private Sorgen erzählten. Bei ihnen hatte ich zwar keinen therapeutischen Auftrag und gleichzeitig hatte es doch Auswirkungen auf die Klientel, wenn die Kollegen unzufrieden und belastet waren. Ist es dann nicht doch meine Pflicht gewesen, mir ihre Sorgen anzuhören? Ich erinnere mich an eine Situation, die mich dann anders denken ließ. Ab diesem Moment, als eine Kollegin versetzt werden musste, nahm ich mir vor, mich meinen Kollegen gegenüber nicht mehr auf Nähe einzulassen. Sobald einer mit mir sprechen wollte, blockte ich ab, um mich zu schützen. >>Wovor <<? , frage ich mich heute und ich denke, davor, dass ich für das Abladen emotionalen Ballasts genutzt werde. Oft kamen Menschen zu mir, die sich ausweinen, befreien wollten, dann aber nicht lernen wollten, einen Umgang mit ihren Problemen zu finden. Sie suchten keinen Berater in mir, sondern jemanden, bei dem sie Beichte ablegen konnten. Zu gern hätte ich damals schon mit dem professionellen Ohr hingehört, aber ich hörte mit dem Beziehungsohr und schon hatte ich ihre Sorgen in mir. Daraus erwachte Handlungsbedarf und Klärung – Klärung, die nicht ich umzusetzen hatte – sondern die, die mit

mir gesprochen hatten. So wurde ich ein paar Jahre lang mit quälenden Informationen gefüttert und wurde dadurch immer unkonzentrierter in der Arbeit mit der eigentlichen Klientel.

Heute bin ich froh, dass ich allein und unabhängig in meiner Praxis arbeiten kann, ohne mich in Loyalitätskonflikte begeben zu müssen. Aber eines fällt mir auch hier immer noch schwer – ich bin noch zu ungeduldig – denn sehr oft, meine ich zu sehen, was für wunderbare Schätze in den Menschen zu finden sind. Ich meine zu wissen, was zu tun ist, um sie näher an ihre Schätze heranzubringen, dabei ist es gerade in der professionellen Arbeit so wichtig, zu begleiten und nicht vorzurennen und die Klientel anzuregen, mir zu folgen, weil ich angeblich den Weg kenne. Wie kann ich ihn kennen, wenn doch jeder Mensch andere Arten hat, zu gehen. Geduld und Zuversicht sind elementare Werkzeuge in der therapeutischen Arbeit. Der Abstand, den ich hier am Meer gewinne, hilft mir, das immer wieder neu zu erkennen. Der Abstand zur Arbeit ist daher elemtar und darf nie verloren gehen. Ich bin froh, das erkannt zu haben.

Es ist der fünfte Urlaubstag. Erst jetzt beginne ich, so langsam zu entschleunigen. Das Innehalten muss keinem Druck mehr standhalten. Dieses Gefühl ist das kostbarste Gefühl, das ich kenne. Es fühlt sich so friedlich an und erlaubt mir, ganz bei mir selbst zu sein. An die Stelle von Bewegungsdrang und innerer Hetzerei, ist Frieden getreten. Langeweile ist keine mehr da, sondern der Moment wird glitzernd still – so wie der Bodden, der gefroren vor meinem Fenster sichtbar ist. Es ist ein Genuss, tief und ruhig zu atmen. Manchmal vergesse ich, wie wichtig und gesund es ist, einmal Urlaub zu nehmen. Ich muss an die sieben Genusskriterien denken, die die Genussforscher Rainer Lutz und Eva Koppenhöfer definiert haben.

1. Genuss braucht Zeit - Dies gilt in zweifacher Hinsicht, denn Genuss kann sich nur entwickeln, wenn in einer aktuellen Situation auch Zeit zur Verfügung steht. Schneller Genuss ist ein Widerspruch in sich. Zudem braucht der Mensch (Lebens-)Zeit, um Genussfähigkeit zu erwerben, aber auch um persönliche Genüsse entdecken und erfahren zu können.

2. Genießen muss erlaubt sein - In einer Erziehung, die Genuss tabuisiert oder bestraft, kann sich keine Genusskompetenz entwickeln. Dies gilt sowohl für den einzelnen Menschen und für gesamte Gesellschaften. Genuss muss erlaubt sein, damit man diesen auf gesunde Art und Weise erleben kann. Wird z.B. Sexualität als Genusserleben bestraft oder ausgeblendet, entstehen daraus Angst- oder Schuldgefühle, die ein wirkliches Genusserleben verhindern.

3. Ohne Erfahrung kein Genuss - Genuss will erlernt sein. Der Mensch muss lernen, aus der Fülle von Reizen, die ihn täglich erreichen, jene mit Genusserlebnissen herauszufiltern – und er muss lernen, diese einzuordnen, zu bewerten und differenziert wahrzunehmen.

4. Genießen geht nicht nebenbei - Um genießen zu können, muss man sich auf den genuss-fördernden Reiz konzentrieren und genussstörende Randbedingungen ausblenden können.

5. Genuss: Jedem das Seine - Genuss ist immer personenspezifisch. Unterschiedliche Menschen präferieren unterschiedliche Genüsse. Auch lassen sich soziodemographische Unterschiede feststellen, z.b. in Abhängigkeit von Alter und/oder Geschlecht.

6. Genuss ist alltäglich - Genuss ist nicht ausschließlich an besondere Situationen geknüpft. Genussreize können auch und gerade im Alltag auftreten und müssen „nur" entsprechend wahrgenommen, kategorisiert und verarbeitet werden. Man denke hier z.b. an den Espresso, die Zeitung, das Lied, den sozialen Kontakt, den man im Alltag erlebt.

7. Genuss: Weniger ist mehr - Besteht ein Überangebot an Genussreizen, wird es immer schwieriger, Genuss zu erleben. Es ist daher empfehlenswert, sich selbst im Genusserleben zu beschränken, aber nicht um sich zu beschneiden.

Ich trinke Tee und gehe nun spatzieren. Dieser Moment ist gerade einer der schönsten, den ich erinnere. Danke, Leben.

Lena

„Es ist Donnerstag der 13.12.2012, gegen 16.30 Uhr. Vom Küchenfenster aus sehe ich die schneebedeckten Dächer Berlins. Es ist grau und kalt draußen. Ich habe es mir gemütlich gemacht. Du schläfst nebenan und wirst gleich vom Wecker wachgeklingelt werden. Es brennen Kerzen in der Küche (meinem Lieblingsschreibplatz), der Kaffee dampft neben mir, ist heiß und frisch. Wir leben derzeit in getrennten Haushalten. Dies wird sich bald ändern. Ich ziehe zu Dir in Dein kleines Paradies. Ich bin 32 Jahre alt und habe nicht mehr daran geglaubt, dass wir uns begegnen. Du wohl auch nicht, aber gerade hast Du entschieden, dass Du ein zweites Mal heiraten wirst – nämlich mich. Noch vor ein paar Wochen konntest Du Dir das nicht vorstellen. Zu verletzt und angestrengt warst Du von Deiner ersten Ehe. Der erste Notartermin liegt hinter Dir und es folgt noch einer, bevor Du amtlich geschieden bist. Es vergingen nur wenige Tage und uns war klar, dass wir es gemeinsam versuchen wollen – Familie gründen, heiraten, zusammen leben – und noch immer kann ich nicht glauben, dass mir das passiert. Schon einmal dachte ich, ich habe den Mann meines Lebens gefunden und wurde eines Besseren belehrt. Du bist zwei Jahre später in mein Leben ge- und per E-Mail an mich herangetreten. Ich hatte mich wenige Tage zuvor bei dieser Partnersuchböre angemeldet und dies auch nur aus purer Verzweiflung. Ich wollte nicht mehr allein sein. Ich hatte und habe einen Kinderwunsch und möchte nicht erst mit 40 schwanger werden. Ich habe also nachgeholfen, doch als ich Deine Fotos sah, blieb mein Herz unberührt. Ich habe Dir dennoch geantwortet. Es war eine innere Stimme, ein Drang – dies zu tun. In den ersten Stunden unserer Korrespondenz wurden sofort Tatsachen auf den Tisch geknallt. Du wolltest anscheinend ebenfalls abkürzen und das Vorgeplänkel vermeiden. Wir schrieben uns über 500 Nachrichten, bevor wir uns das erste Mal trafen. Ich hatte Dich angerufen, während ich auf einer

Ausstellung war, und während unseres Telefonats zwei Bananen gekauft, weil ich schon angetrunken war und was zwischen die Zähne brauchte. Ich wollte zu Dir kommen, doch es fuhr kein Zug mehr in Deine Heimat, und so standest Du um drei Uhr morgens vor meiner Tür. Ich hatte bereits mein Schlafoutfit an. Schnell war klar, dass wir uns mehr ähnelten, als es üblich ist und doch gleichzeitig so unterschiedlich waren, dass eine feste Beziehung gut in Frage kam. Wir haben uns geküsst und schliefen zusammen ein. Am nächsten Morgen bist Du Frühstück besorgen gegangen und ich schaute vom Balkon auf die Straße, weil Du lang nicht zurückkamst. Es stand ein tiefergelegtes Auto vor der Tür, das ich bis dato noch nie wahrgenommen hatte. Auf der Heckschreibe waren altdeutsche Schriftzüge zu sehen. Ich erinnerte mich schlagartig an Dein Tattoo am linken Oberarm und erstarrte. Oh Gott, ich hatte mich auf einen Nazi eingelassen - ausgerechnet ich, die linksgerichtete evangelische Pfarrerenkelin! .Du bist zurückgekommen, hast angefangen zu lachen, als ich Dich nach „Deinem" Auto fragte und nahmst mich in den Arm. Ich habe Dich hysterisch meiner Wohnung verweisen wollen und dabei tat mir Deine Umarmung so gut. Es hat lange gedauert, bis ich kapiert habe, dass man Dich so schnell in keine Schublade stecken kann. Du hattest Recht, als Du mich fragtest, wer von uns beiden denn hier eigentlich Vorurteile habe. Du hast mir ganz schön den Kopf gewaschen – zum Glück- muss ich heute sagen. Du hast mich von meinem hohen Ross geschleudert und die Arme aufgehalten, damit ich nicht zu hart auf dem Boden der Tatsachen aufkomme. Es sei Dir an dieser Stelle nochmal dafür gedankt. Es folgten Tage und Wochen des Widerstandes meinerseits. Auch Prüfungen hast Du bestehen müssen – ich habe sofort Freunde und meine Schwester auf Dich angesetzt, um Dich einzuschätzen, da ich meinem eigenen Urteil nicht mehr vertraute. Bislang gibt es keine Anzeichen einer bitteren Enttäuschung. Du wurdest >>zugelassen<<, >>genehmigt<<, und nun geht es los, das Leben zu zweit, nach zwei Jahren des Allein - durch - die - Welt - Schlagens. Was wir wohl noch alles gemeinsam erleben werden? Ich bin sehr gespannt. Ich habe keine Ahnung, wie ich diese Beziehung erleben werde, denn schließlich ist es doch die erste in meinem Leben, die auf Augenhöhe stattfinden wird. Ich kann es spüren. In ein paar Tagen feiern wir das erste Mal gemeinsam Weihnachten. Ich weiß, Du magst dieses Fest nicht. Hattest Du doch in Deiner Kindheit gerade zu dieser Zeit wenig Vergnügen. Und nun musst du gleich zweimal in die Kirche an diesem Abend. >>Ich muss nicht<<, würdest Du jetzt sicher sagen, >>ich tue es, weil es Dir wichtig ist! <<. Das finde ich wundervoll an Dir. Einmal abgesehen von Deinen flachen Sprüchen, Witzen und Deiner unbändigen Lust, mich in den Wahnsinn zu treiben, Deinem Spleen, ständig >> „und alles"<< zu sagen, Deiner Unordnungsliebe, der charmanten Vergesslichkeit und Deinem Hang manchmal so sensibel zu sein wie ein Stück Holz, kann ich nichts Schlechtes finden. Ich lasse es Dich sicher wissen, wenn es diesbezüglich neue Entwicklungen gibt.

Du fährst gleich zur Uni, sitzt neben mir, rauchst, und ich fühle mich sicher und glücklich. Aber eines ist bislang noch da – die Angst, Beklemmung und Sorge, dass es schiefgehen könnte mit uns. Diesen Gedanken aufzugeben, bedeutet für mich, zu vertrauen und das kann ich noch nicht.

Es ist Montag der 17.12.2012und ich sitze im Zug nach Hause. Was da gerade passiert, ist schwierig, aber nicht unüberwindbar. Da sind die zwei Menschen, die uns in den letzten Jahren am nächsten standen. Sie rütteln an uns über uns und toben, dass alles so gekommen ist, wie es jetzt ist. Niemand von beiden hat wohl damit gerechnet, dass da noch einmal jemand kommen würde, mit dem wir es ganz neu und anders und liebevoll zuversichtlich versuchen wollen. Da ist mein Exmann, der mich ignoriert, egal, was ich tue, und da ist Deine Exfrau, die mich blöd findet und ständig eingeschnappt ist mit Dir. Wie kann es sein, dass Menschen sich so drehen? Aber vielleicht fragen sich die zwei das ja auch gerade.

Es ist immer wieder interessant, wie ähnlich wir uns doch sind, Du und ich. Wir sind Menschen auf den Leim gegangen, die nie in der Lage waren, sich selbst ehrlich zu lieben und wir sind es vielleicht auch nicht gewesen, bis wir uns mit uns selbst beschäftigt und angefangen haben, Verantwortung für unsere Handlungen und Bedürfnisse zu übernehmen. Gestern Abend waren wir bei Freunden. Wir haben darüber gesprochen, wie das eigene Ego und der innere Kritiker in uns überwunden werden kann und beide durch Vertrauen ersetzt werden können. Die beide haben einen ähnlichen Weg hinter sich wie wir, sind nun seit 8 Jahren zusammen und können jetzt beide sagen, dass sie bei einander angekommen sind. Wir stehen ganz am Anfang und heute Mittag als Deine erste aufgeregte SMS kam, in der Du mir geschrieben hast, wie Deine Noch- Frau gerade reagiert hat, da hatte ich Angst und wollte Dich aufgrund dieser Situation nicht mehr sehen und Dir aus dem Weg gehen. Ich kann es nicht leiden, wenn ich gehasst werde. Um Vertrauen zu lernen, benötigt es vermutlich genau solche schwierigen Situationen. Ich möchte Dir nicht aus dem Weg gehen. Ich möchte mit Dir, an Deiner Seite gehen. Ich hatte zunächst das Gefühl, Du kuschst und willst ihr alles recht machen. Nun glaube ich aber, ich habe mich getäuscht. Du scheinst ihre Ohnmacht und Unfähigkeit zu sehen, aus sich selbst herauszutreten und Verantwortung für das eigene Tun zu übernehmen. Wie redet man mit Menschen, die nicht erkennen können? Wie geht man mit Menschen um, die ganz offensichtlich in sich selbst blockiert und gefangen sind? Meist gibt es nur die Möglichkeit, sich auf ihre Ebene begeben, um halbwegs unbeschadet aus der Schusslinie zu gelangen. Vielleicht ist es aber auch nur ein erbärmlicher und feiger Versuch, mit seinen eigenen Bedürfnissen doch irgendwann gesehen zu werden, vielleicht ist es aber auch einfach die wunderbare Fähigkeit, mit dem Herzen zu sehen und zu erkennen, dass das Gegenüber nicht extra boshaft und verletzend ist. Meinen Deine Freunde Letzteres, wenn sie sagen, Du bist einfach zu lieb? Als es mit meinem Exmann zu Ende zu gehen schien, sagte meine Mutter zu mir, „Du brauchst einen Mann, der Deine Schwächen kennt und sie nicht ausnutzt!". So jemanden brauchst Du auch und ich will zum ersten Mal in meinem Leben alles dafür tun, dass wir uns respektieren und niemals unsere Schwächen ausnutzen, wenn wir böse auf den anderen sind.

Frau Jungmann

Als Lena in meinen Raum kam, sah sie verzweifelt aus. Mit hängenden Schultern ließ sie sich auf den Stuhl nieder und begann ohne Begrüßung mit hängendem Kopf zu erzählen, „Ich schäme mich. Ich schäme mich, dass ich die Kontrolle verloren habe, mich meinem Mann hingegeben habe. Ich schäme mich für meinen Körper. Ich schäme mich für meine Vagina. Ich schäme mich dafür, dass mir Sex Lust bereitet." Lena begann zu schluchzen. Ihre Ausführungen erinnerten mich an die Beichte in der katholischen Kirche. Das machte mich betroffen. Also fragte ich sie, „Weshalb schämen Sie sich für solch eine wunderbare Ausdrucksweise der Liebe zwischen zwei Menschen?"

„Ich weiß es doch auch nicht. Ich könnte wütend schreien vor Wut. Warum hat es nur einen Moment angehalten? Als er ein paar Stunden später wieder Lust auf mich hatte, war alles wieder da – der Widerstand, die Scham, die unbändige Wut und das Gefühl, benutzt zu werden. Ich hasse mich dafür, dass ich ihn abgewiesen habe und aus dem Zimmer gelaufen bin. Warum lasse ich denn nicht einfach alles laufen?", fragte sie sich verzweifelt. „Lena, vor wem schämen Sie sich denn? Vor sich selbst?", fragte ich weiter, nachdem sie meine Vermutung mit heftigem Kopfnicken bestätigt hatte. „Und warum schämen Sie sich vor sich selbst?" „Ich weiß es doch nicht. Ich bin so unglücklich darüber.", gab sie zurück.

„Was sagt denn Ihr Mann zu der Geschichte?"

„Er glaubt, dass ich immer so reagiere, wenn ich das Gefühl hättee, ich müsse etwas für ihn tun. Er sagt, wenn er mich fragt, ob ich ihn anfasse oder küsse, dass ich mich dann sofort benutzt fühle und mich innerlich verweigere. Dabei benutzt er mich doch gar nicht.", schilderte mir Lena die Perspektive ihres Partners.

„Aber das wissen Sie nicht zu 100 Prozent, richtig? Sie sind noch misstrauisch. Erlauben Sie sich denn, sich etwas Zeit zu lassen? Fühlen Sie sich benutzt, wenn er Sie fragt, ob sie einen Kaffee für ihn machen würden?" „Nein.", sagte Lena leise. „Wo liegt für Sie der Unterschied?", wollte ich von ihr wissen. „Der Unterschied ist sehr groß, das kann man nicht mit einander vergleichen. Einen Kaffee mache ich und er ist fertig. Wenn er Sex will, muss ich mich hingeben und das fällt mir schwer. Ich denke dann, ich muss sofort Lust haben und abgehen und das überfordert mich." „Aber wer sagt denn, dass Sie sofort Lust haben müssen? Genuss braucht Zeit, das wissen Sie doch. Was passiert denn, wenn Sie ihn fragen, ob er mit ihnen schlafen möchte?", fragte ich sie daraufhin. „ Er freut sich darüber, dass ich Lust auf ihn habe und so offen bin, mit ihm darüber zu reden. Ich habe ein schlechtes Gewissen, dass ich seine Wünsche so abblocke. Sie haben für mich etwas Auferzwungenes, dabei ist das das Letzte, was körperliche Nähe bedeuten sollte. Ich kann nichts tun, was ich nicht vorher selbst entschieden habe. Verstehen Sie?", versuchte sie sich zu erklären.

„Ja Lena, ich verstehe das in Anbetracht Ihrer Vorerfahrungen tatsächlich. Sie sollten es auch verstehen können und gnädig mit sich sein. Haben Sie Geduld mit sich. Es ist alles gut. Sie dürfen sich solche kleinen Dinge verzeihen. Seien sie lieb zu sich. Es ist alles gut und wenn Ihr Mann einen Orgasmus braucht und sie gerade nicht dabei helfen möchten, dann kann er sich den selbst bescheren. Verstehen Sie? Er ist nicht auf sie angewiesen.", versicherte ich ihr.

„Ja, das sagt er auch immer."Lena entspannte sich langsam wieder.

„Na sehen Sie. Schön, dass Sie wieder lächeln können. Nehmen Sie das Leben nicht immer so schwer. Es ist alles ok. Sie sind in Sicherheit." „Danke, Frau Jungmann! Bis nächste Woche. Gut, dass Sie da sind."

Lena

>>Wo liegt der Unterschied, ob er nun meine Brust berührt oder meinen Rücken<<? Das hat er mich gestern gefragt und ich konnte darauf keine Antwort geben. Wo liegt der Unterschied? Einen Rücken haben alle Menschen und Brüste haben nur Frauen. Ich fühle mich reduziert, wenn er mich dort berührt und nicht mehr als Ganzes gesehen. Ich denke sofort, dass ich ihn jetzt sexuell befriedigen soll. Dabei hat er mir nie das Gefühl gegeben, dass ich auch nur im Ansatz etwas tun müsste, das ich nicht tun möchte - keiner meiner Partner hat das je getan. Bin ich diejenige, die sexualisiert denkt und das auf andere projiziert? Und bin ich diejenige, die sich dafür schämt, Sex toll zu finden? Gab es nie einen Missbrauch, sondern nur geerbte Botschaften von Urgroßmüttern, Großmüttern und Müttern? Wie lang will ich eigentlich noch darüber nachsinnen? Ich werde darauf keine Antwort bekommen. Ich würde das so gern verstehen, werde es aber nie abschließend verstehen können. Ich hasse das. Wie soll ich denn etwas annehmen, das ich nicht verstehen kann? Es ist wie es ist. Schöner Satz - wenn das so leicht hinzunehmen wäre. Ach schön, wie gut ich mir selbst leid tun kann. Ich will das nicht mehr. Ich will leben. Ich will mich aussöhnen mit meiner Vergangenheit.

Ich wünschte, ich könnte die Zeit zurückdrehen. Ich würde mich auf die Familienfeier ins Jahr 2008 zurückbeamen und alles anders machen: nicht trinken, nicht denken, nicht allein irgendwo herumstehen, nicht mit meiner Mutter auswerten, was sich ereignet hat. Ich hätte dann Zeit gehabt, mich zu sortieren, zu überdenken, was ich gehört habe und hätte all das mit meinem Therapeuten besprechen können, anstatt mit meiner Mutter. Sie wäre dann nicht in diese furchtbare Bridullie gelangt und ich hätte nicht seit sechs Jahren dieses unbändig schlechte Gefühl, dass alles viel zu sehr hochgekocht ist damals. Es ist ungerecht, dass sich zwei Familien quälen wegen einem falsch gehörten Satz im Vollrausch. Ich bin selbst verantwortlich dafür, dass ich nun keine Ruhe finde, sondern nur verdränge.

Frau Jungmann

Lena wirkte niedergeschlagen, als ich sie das nächste Mal sah. „Ich bin traurig und habe gar keinen Grund dazu.", schilderte sie mir ihren Zustand. „Kennen Sie das aus anderen Situationen?", wollte ich von ihr wissen.

„Ja, auch aus anderen Beziehungen. Es ist als würde ich mich Stück für Stück selbst verlieren und wieder auf die Suche gehen, nach Tiefe, nach Perfektionismus nach allem, was mich glücklich macht."

„Lena?", hakte ich ein. „Was ist los?" „Ach ich weiß auch nicht. Ich entferne mich von ihm, dabei sind wir noch nicht lange ein Paar. Gestern war es da wieder das Widerstandsgefühl. Neulich waren wir doch zusammen im Urlaub bei meiner Tante. In dieser Zeit habe ich mich hauptsächlich auf sie konzentriert, und mein Mann und ich haben uns gar nicht angefasst, weil ich es nicht konnte bei ihr und auch nicht wollte."

„Warum nicht?", fragte ich nach, woraufhin Lena erklärte, „Ach ich weiß nicht, sie ist schon so lang allein und ich soll dann in ihrer Wohnung mein Glück mit einem Mann demonstrieren? Ich finde das taktlos. Jedenfalls habe ich mich in erstaunlich kurzer Zeit wieder emotional von ihm entfernt und konnte mich auch, als wir wieder zu Hause waren nur schlecht auf Intimitäten mit ihm einlassen. Der Kopf ist schon wieder bei der Arbeit, hab ich mir zu erklären versucht, und auch mein Mann sagte, dass das doch ganz normal sei. Dann sahen wir uns zwei Tage nicht und als er dann am dritten Tag zu mir kam, war er mir ganz fremd und ich musste mich erst wieder an ihn gewöhnen und seine Berührungen abwehren, bevor ich sie zulassen konnte. Das hat mich so erschrocken und ich habe geheult, weil doch alles so schön sein könnte, wenn ich nicht ständig diese abwehrende Haltung auflodern lassen würde. Was ist das nur? Ich will das eigntlich nicht, aber ich will ihn ganz oft wegstoßen, immer noch

und dabei tut er mir gar nichts. Ich habe das Gefühl, dass ich mir fehle.",
schloss sie ihre Ausführungen.

„Für mich hört sich das wieder nach Ihrer Bindungsangst an, Lena. Was
denken Sie?", gab ich schließlich zu bedenken.

„Ich weiß es doch nicht. Wovor soll ich denn Angst haben? Er tut mir doch
nichts.", fragte sie mich.

„Wissen Sie das zu 100 Prozent?", gab ich zurück. „Das können Sie gar
nicht. Außerdem sitzt die Bindungsangst nicht erst seit gestern in Ihnen,
sondern wurde in Ihrer frühesten Kindheit hervorgerufen. Die Ängste, die
Sie mit der Beziehung zu Ihrem Mann verbindet, gehen direkt darauf
zurück. Erinnern Sie sich an das, was wir besprochen haben? Annehmen
und loslassen, nicht wegschieben."

„Hach ja, ich weiß schon. Aber wie soll ich das annehmen - diesen
verdammten Dreckmist? Verfluchte Scheiße! Mich haut´ s jedes Mal
wieder aus den Latschen. Ich hasse das. Bin ich beziehungsunfähig? Das
wäre mein Untergang.", lamentierte Lena. Ich versuchte, ihr eine andere
Perspektive aufzuzeigen, indem ich klarstellte, „Wenn Sie
beziehungsunfähig wären? Das wäre doch kein Untergang. Meinen Sie
denn, Sie können nicht ohne einen anderen Menschen atmen, essen,
schlafen?" „Doch, das könnte ich.", überlegte sie.

„Sehen Sie. Sie können sich den Druck also nehmen. Sie sind nicht in
Lebensgefahr."

„So fühlt es sich aber gerade an.", widersprach sie meiner Aussage.

„Vielleicht sollten Sie aufhören auf Biegen und Brechen eine perfekt
funktionierende Beziehung führen zu wollen. Entspannen Sie sich, es ist
alles in Ordnung. Sie sind in Ordnung, so wie Sie sind, mit all Ihren
Ängsten, Widerständen und Ansprüchen."

„Ich bin gar nicht in Ordnung. Ich habe meinen Ex- Freund verlassen und der will mich jetzt nie wieder sehen. Ich habe eine Familie ins Unglück gestürzt, weil ich Vermutungen geäußert habe, die gar nicht bewiesen sind. Ich habe schon so viel gelogen und gehasst in meinem Leben. Ich habe drei kleinen Menschlein das Leben verwehrt, weil ich nur an mich gedacht habe und Angst hatte, dass ich versage. Ich bin also überhaupt nicht in Ordnung."

„Ach Lena, wann hören Sie endlich auf, sich zu strafen? Sie haben das doch alles nicht aus Boshaftigkeit getan.", versuchte ich sie gnädig mit sich selbst zu stimmen. „Und wenn doch? Und wenn ich mir nur selbst etwas vormache? Vielleicht bin ich einfach ein böser egoistischer Mensch." „Lena, so lange Sie diese Glaubenssätze nicht auflösen, können Sie nicht glücklich werden.", machte ich ihr eindringlich klar. „ Wissen Sie was ihr Vorteil ist? Sie sind sich dessen bewusst. Sie wissen, an was sie tief in Ihrem Innern glauben. Für viele Menschen sind diese Glaubenssätze unbewusst. Ich möchte, dass Sie bis zur nächsten Sitzung einmal aufschreiben, welche Glaubenssätze sie haben und Gegenargumente für diese finden. Dass Sie also überlegen, was absurd an Ihren bisherigen Glaubenssätzen ist, und damit arbeiten wir dann weiter. Soweit erst einmal.", beendete ich kurzerhand unsere Sitzung. „Ja. Ich danke Ihnen."

29. GLAUBENSSÄTZE

Lena

Wenn ich die Augen schließe und in mich gehe, dann kommen mir folgende Glaubenssätze in den Sinn:

- Nichts, was ich tue, ist gut genug
- Um leben zu dürfen, muss ich etwas leisten
- Ich bin ein schlechter Mensch
- Ich verdiene es nicht, glücklich zu sein
- Ich kann froh sein, wenn mich jemand lieb hat
- Ich bin hässlich
- Ich bin weniger wert als andere Menschen
- Ich verdiene es, zu leiden
- Das, was ich getan habe in meinem Leben, kann ich nicht wieder gut machen
- Ich tue niemandem wirklich gut
- Ich bin feige und schwach
- Sex ist triebhaft und schmutzig

Was ist an diesem Glaubenssatz so absurd?	Was für Vorteile habe ich wenn ich mich von meinem störenden Glaubensmuster befreie?	Wie fühlt es sich an wenn ich mir vorstelle ich hätte mich bereits von diesem störenden Gefühl befreit?	Was kann ich konkret tun?
Niemand kann beurteilen, was gut ist. Es geht nur so gut, wie man meint, es am besten zu machen.	Ich kann loslassen und innerlich ruhiger werden Ich brauche mich nicht mehr so sehr kritisieren und bestrafen	Es wird leichter auf der Brust Es atmet sich tiefer und leichter Ein Stein fällt vom Herzen	Wenn diese Gedanken kommen, dann lächeln und ziehen lassen wie Wolken am Himmel
Kein Mensch hat gesagt, dass ich was leisten muss es gibt nur verletzte und sehr unbewusst Handelnde!	Ich habe mehr Freude bei dem, was ich tue. Ich höre auf, andere zu verurteilen, wenn ich aufhöre, mich selbst zu verurteilen	Ich verspüre mehr Freude, zu leben sehr entspannt	Bewusst nein sagen zu diesem Gedanken wenn der Gedanke kommt, darüber lachen
Wieso eigentlich nicht? So ein Quatsch!!!	Ich werde viel hübscher, denn Schönheit kommt von innen	Meine Gesichts- muskulatur entspannt sich Ich lächle	Mein innerer Kritiker redet so und der ist nicht mein Freund
Alle Menschen sind gleich viel wert	Ich kann gerade durch die Welt laufen	Ich fühle mich kraftvoller	Den Gedanken nicht dulden
Natürlich, aber es gibt viele liebenswerte Seiten an mir, auch ich bin ein Geschenk	Inneres Lächeln geht leichter	Ich fühle mich schöner	Bewusst machen, dass es mir eingeredet wurde – das sind nicht meine Gedanken
Stimmt einfach nicht	Ich kann mich auch hübsch fühlen	Ich fühle mich schöner	Betrachten, was mich ausmacht
Daran ist nichts absurd	Fühlt sich fremd an	Irgendwie Stillstand	Mich einmal wirklich fragen, weshalb ich denke, ich muss leiden
Das stimmt, aber ich kann aus meinen Fehlern lernen – niemand ist vollkommen	Dankbarkeit in meinem Herzen und Wärme	Innerer Frieden	Mir immer wieder sagen, dass es nichts gut zu machen gibt, nur daraus lernen ist wichtig
Die Menschen in meinem Leben, die mich lieb haben, zeigen mir täglich das Gegenteil	Ich brauche niemandem mehr hinterherzulaufen, denn die die mich schätzen, denen ich guttue, die kommen von allein	Ich fühle mich wertvoller und ausge-glichener	Die Augen aufmachen und sehen, wieviele mich mögen
Ich habe mein Leben aufgeschrieben, das ist nicht feige, das ist mutig	Ich hätte mehr Power die Dinge immer wieder anzugehen	Kraftvoll, hebe sogleich den Kopf	Täglich sagen: ich bin mutig und kraftvoll
Menschen haben auch Triebe und Bedürfnisse und Lust. Das ist so. Da ist nichts schmutzig dran. An den Händen sind viel mehr Bakterien, als an den Genitalien. Sex ist etwas Wunderschönes und der gemeinsame Ausdruck von zwei Menschen, die sich anziehend finden und etwas anderes als Freundschaft suchen.	Die Chance ist dann viel höher, dass ich gesund bleibe – mein Virus sich verkrümelt, der mich schon ein Stück meines Gebährmutterhalses gekostet hat. Ich kann endlich erwachsen und angemessen mit einem Thema umgehen, was eigentlich eines der schönsten Sachen der Welt ist. Ich kann neue Erfahrungen sammeln mit einem Mann, mit dem das wirklich Spaß macht.	Es fühlt sich unglaublich gut an und macht mich absolut glücklich und erfüllt mich mit unbändiger Zufriedenheit.	Ich kann aufhören, mir über Dinge Gedanken zu machen, die überhaupt kein Problem darstellen. Es ist alles gut. Ich muss es nur wollen. Ich kann eine Sexualtherapie machen. Unser Erstgespräch ist in ein paar Wochen und wir können gemeinsam daran arbeiten.

Warum habe ich bisher nichts verändert?	Warum werde ich es diesmal tun und erfolgreich sein?	Alte Glaubenssätze
Mir fällt es oft nicht auf und ich bin schon unzufrieden ohne zu wissen, warum eigentlich.		Nichts, was ich tue, ist gut genug
Ich habe zu fest geglaubt Ich musste nicht so viel Verantwor-tung übernehmen	Weil Schluss ist mit der Selbstbestrafung Weil Dinge, die darüber lagen, abgearbeitet sind	Um leben zu dürfen, muss ich was leisten Ich bin ein schlechter Mensch
Schlechtes Gewissen weil ich sehr viel bereue, was ich tat	Es ist genug der Reue, dadurch kann ich es auch nicht ungeschehen machen	Ich verdiene es nicht, glücklich zu sein
Keinen Platz gehabt, darüber nach zu-denken Demut lernen und Bescheiden-heit	Ich bin bereit, mich zu trauen, glücklich zu sein Ich bin selbstbewusster geworden	Ich bin weniger wert als andere Menschen Ich kann froh sein, wenn mich jemand lieb hat
Dachte immer, das ist arrogant Weil ich es noch nie hinterfragt habe	Denke nicht mehr, dass es eklig ist, sich selbst zu lieben Ich will nicht mehr leiden	Ich bin hässlich Ich verdiene es, zu leiden
Habe meine Fehler als so schlimm empfunden, dass es mir unmöglich schien, mir zu vergeben	Ich möchte mich lieben lernen und mir neu ohne Urteil begegnen. Es ist Schluss mit Pein und Scham. Genug!	Das, was ich getan habe in meinem Leben, kann ich nicht wieder gut machen
Selbsthass war so vertraut	Ich möchte Selbstliebe empfangen, bevor ich Kinder bekomme – sie sollen sich nicht selbst hassen müssen	Ich tue niemandem wirklich gut
Schwach fühlen ist mir bekannt, man wird beschützt und liebkost	Ich will um meinetwillen beschützt und liebkost werden gerade wenn ich glücklich bin.	Ich bin feige und schwach
Ich verändere schon die ganze Zeit etwas daran, aber ich halte zu sehr an alten Gedankenmustern fest, weil es bislang irgendwie immer noch nötig war.	Weil ich die Schnauze gestrichen voll habe von „neins" und „aber das geht doch nicht…" Ich möchte mein Leben genießen und Traurigkeit und Scham gaben mir bislang Sicherheit- alte vertraute eben und ich hasse neu. Aber jetzt will ich neu, weil mich dieses Glaubensmuster nicht weiter bringt	Sex ist triebhaft und schmutzig

Meine neuen Glaubenssätze sind jetzt Folgende:

1. Sexualität mit meinem Mann ist das Schönste, was es gibt, um unsere gemeinsame Liebe auszudrücken.

2. Ich verdiene es, Spaß zu haben und das Leben in jeder Sekunde zu genießen

3. Ich bin wunderschön – innen wie äußerlich

4. Ich entscheide mich voller Freude für das Licht.

5. Gerade in der Beziehung zu meinem Mann bin ich frei und unabhängig

6. Ich bin kraftvoll, gesund und absolut liebenswert – so, wie ich bin.

7. Ich vertraue dem Leben und das Leben gibt mir alles, was ich brauche.

Täglich werde ich diese neuen Glaubenssätze wiederholen und sie werden mich dabei unterstützen, das gesamte Leben in einem warmen und freudigen Licht zu sehen, denn egal was ich glaube – dass ich es schaffe, meinen Blick zu verändern oder, dass ich es nicht schaffe – ich habe Recht.

Frau Jungmann

„Ich kann meine alten Glaubenssätze nicht loslassen. Ich habe Angst davor, Glück zuzulassen.", platzte Lena in unser nächstes Gespräch hinein, woraufhin ich sie erst einmal begrüßte und dann sogleich auf ihre Aussage einging, wohl spürend, dass Lena mich langsam aber sicher in den Wahnsinn trieb. „Ich verstehe das nicht.", sagte ich ehrlich genervt. „ Was hält Sie um Himmels Willen davon ab?"

„Ich trau mich nicht, Frau Jungmann. Ich habe Angst vor dem Loslassen.", erwiderte sie. Um ihr etwas von ihrer Angst zu nehmen und sie vorsichtig an die gefürchtete Situation heranzuführen, bediente ich mich daher einer ganz einfachen Übung. „Stellen Sie sich vor, Sie lassen los. Bitte schließen Sie einmal kurz die Augen und atmen Sie tief durch." Ich atmete ebenfalls hörbar tief, was mich ebenfalls wieder entspannte. „Stellen Sie sich vor, Sie sind bereit und lassen los, jetzt und hier in diesem Moment. Wie fühlt sich das an?" Lena ließ sich darauf ein und spürte sichtlich in sich hinein. Nach einer Weile antwortete sie mit warmer, weicher Stimme.

„Es ist ruhig und leicht. Ich habe nichts mehr zu sagen, denn es ist friedlich und ich verspüre keinen Drang zu schimpfen oder zu weinen. Alles ist gut."„Halten Sie die Augen geschlossen und bleiben Sie bitte in diesem Gefühl. Was daran macht Ihnen genau Angst?", tastete ich mich weiter voran. „Ich bin still und kann nicht mehr Anteil haben. Ich habe nie gelernt über Politisches oder das Wetter zu reden. Ich würde dann tagein, tagaus bei Gesprächen sitzen und nichts zu sagen haben. Ich habe dann nichts mehr, was mich aufregt oder ängstigt und darüber reden Menschen nun einmal oft mit einander. Haben Sie schon einmal gehört, dass sich Menschen darüber unterhalten, wie wunderbar die Welt ist, ich meine stundenlang? Ich möchte aber teilhaben. Ich möchte mitreden." „Dann bringen Sie doch genau diese Sicht auf die Welt ein.", schlug ich Lena vor. „ Lassen Sie sich nicht anstecken. Bauen Sie sich einen Filter ein.

Stellen Sie sich vor, dass es niemanden gibt, der Sie so sehr beeinflussen kann, wie Sie selbst, denn so ist es auch. Sie entscheiden, was Sie annehmen und was nicht. Sie werden das lernen und Sie sollten wirklich einmal schauen, was Sie für sich und mit sich allein tun können. Sie können sonst schnell wieder in Abhängigkeiten geraten." „Ja, ich weiß, ich tue gerade alles dafür, dass es wieder so kommt.", ga Lena nachdenklich zurück. „Sagen Sie nicht, dass Sie das tun, Lena. Sie tun es nicht, es sind Ihre eingeschliffenen Muster. Es ist wichtig, die Geduld zu bewahren, aufmerksam zu sein, zur Kenntnis zu nehmen und einzugreifen; liebevoll einzugreifen. Was gibt es, was Ihnen Spaß macht, Lena?", fragte ich sie. „Sie wissen ja gar nicht, was das für eine schwierige Frage ist."

„Doch, das weiß ich.", versicherte ich ihr. „ Viele Menschen haben sich das noch nie gefragt. Sie wissen alle bloß, was sie nicht mögen. Also überlegen Sie und lassen Sie sich Zeit. Was können Sie für sich und mit sich tun, um sich vollständig zu fühlen und froh dabei zu sein?" Daraufhin begann Lena laut zu denken. „Mein Mann hat sein Hobby und verbringt sehr gern und viel Zeit mit sich allein. Er kann nicht verstehen, dass ich ihn ständig um mich haben will und eigentlich will ich das auch nicht, denn ich suche etwas, bei dem ich niemand anderen benötige. Ehrlich gesagt, nervt es mich selbst, wenn ständig jemand um mich herum ist. Ich komme dann gar nicht zu mir. Dennoch versuche ich ihn schon wieder einzuspannen, damit ich nicht auf mich zurück geworfen bin. Wenn mein Mann nämlich da ist, dann reicht es mir vollkommen aus, dass er irgendwo in der Garage ist oder nebenan schläft. Ich weiß oft einfach nichts mit mir anzufangen und das erschreckt mich dann so, dass ich zu nichts Lust habe. Verstehen Sie? Ich meine, was machen denn andere Frauen in meinem Alter? Entweder sie schmeißen den Haushalt, gehen arbeiten und kümmern sich um die Kinder oder sie sind das andere Extrem- gehen viel feiern, haben tausende Freunde und unternehmen viel. Ich habe keinen Haushalt mit Kindern und gehe einfach nicht mehr gern aus. Ich habe auch keine tausend Freunde. Ich fühle mich allein, dabei ist alles in bester Ordnung." „Sprechen Sie weiter Lena, so ist es recht." „„ Ich arbeite viel und liebe meine Arbeit auch, bin aber oft so ausgebrannt, dass ich am liebsten an den Wochenenden rumliege und fernsehe oder bei meinem Mann bin und seinen Haushalt schmeiße. Aber es gibt nichts, was ich wirklich mit Leidenschaft verfolge, und für das ich auf Zeit mit meinem Mann verzichten würde. Dabei wünsche ich mir etwas, das mich dazu bewegt, mich mit Spaß und Freude mehr auf den Rest des Lebens zu stürzen. Ich möchte aber auch nichts machen, bei dem ich an feste Termine gebunden bin, denn das macht wieder so ein Pflichtgefühl. Also, was ich wirklich gerne tue, ist Kindergeschichten zu schreiben. Das macht mich glücklich und es macht mir total Spaß, mir irgendwelche Dinge auszudenken. Es ist schön, mit dem Fahrrad irgendwo hinzufahren und mich in die Sonne zu legen und nichts zu tun. Ich liebe es zu schwimmen, vor allem in einem See, an dem keine Menschenseele ist. Oft mag ich es aber auch gern, die letzten zwei Dinge mit einer Freundin oder meinem Mann zu unternehmen. Ich bin ein Familienmensch, wissen Sie? Ich lade gern Leute ein und bekoche sie. Aber das gestaltet sich auch oft schwierig, weil ich so schnell wieder unzufrieden bin, wenn Leute absagen oder sich dann heiter unterhalten und ich wieder nicht mitreden kann. Ich male gern, aber ich kann es nicht. Ich spiele gern Gitarre, aber ich kann es nicht besonders gut. Zum Lernen und entwickeln meiner Lüste hab ich keine Geduld." An dieser Stelle musste ich intervenieren. „Stopp! Bitte bleiben Sie bei dem, was Sie gern tun und nicht bei den Dingen, die Abers hervorrufen." „Puh, o.k. Warten Sie!", sagte Lena auf meine Unterbrechung hin und überlegte weiter. „Ich bin gern in der Sauna. Ich beobachte gern in einem Cafe´sitzende Menschen. Ich räume gern auf und um. Ich freue mich schon darauf, meinen neuen Garten zu bepflanzen, den Rasen zu mähen und Beete umzugraben. Ich mag es mit Farbe herumzuexperimentieren auf großen Leinwänden und ich gehe gern in Freilichtkinos. Wissen Sie, dass ich noch nie in einem Autokino war?" Ich beantwortete Lenas Frage mit einer Gegenfrage. „Wie geht es Ihnen gerade, jetzt, da Sie das so alles aufzählen, was, wie ich finde, eine ganze Menge ist?!" „Ich fühle mich lebendiger und auch freudiger. Es tut gut, darüber zu reden, was alles Spaß macht. Ich habe gleich Lust, etwas zu unternehmen." „Mit oder ohne Ihren Mann?" „Gute Frage... Ich glaube, ich habe auch sehr viel Spaß daran, Dinge allein oder mit ganz anderen Leuten zu tun. Ich habe dann wenigstens etwas zu erzählen und wir können uns austauschen und ich fühle mich freier und dadurch schöner und lustvoller.", resümierte Lena. „Richtig.", bestärkte ich sie. „ Sie sollten einfach probieren und mit Freude entdecken, was Ihnen wohl in einem Moment gut tun würde, anstatt traurig zu sein, dass Sie allein sind. Sie können alles gestalten, Sie brauchen nichts zu erdulden. Es gibt so viele Möglichkeiten, das Leben zu nutzen und die Feste zu feiern, wie sie fallen. Erzählen Sie mir davon, wenn wir uns wieder sehen. Gehen Sie auf Ihre ganz persönliche Entdeckungsreise." „Das mache ich. Vielen Dank Frau Jungmann.", Lena strahlte. „Und denken Sie immer daran, Sie allein sind für Ihr Wohlbefinden und Glück verantwortlich, nicht Ihr Mann oder sonst irgendwer. Bis dann. Genießen Sie schön!"

31. BRIEFWECHSEL

Lena

Ich könnte verrückt werden, wenn die rosarote Brille abfällt und man die Tatsachen schonungslos zu sehen bekommt, die Fehler, die Macken des Partners. Plötzlich fällt einem alles Mögliche auf, das vorher vielleicht auch schon da war, sich aber hinter Bauchkribbeln versteckt hat. Aber >>Nein! << diesmal haue ich nicht ab, diesmal setze ich mich auseinander, so gut ich es eben kann. Am besten ich schreibe, da kann ich meine Gedanken vorsortieren:

Wäre es Dir möglich, dir über ein paar Dinge Gedanken zu machen, ohne sie gleich wieder zu vergessen? Ich weiß, Romantik ist ein Fremdwort für Dich und zusammen bist Du mit mir, weil es die Natur so vorgesehen hat. Nun ist es so, dass ich keineswegs daran zweifle, mit Dir eine Familie gründen zu wollen, ich befürchte jedoch gleichzeitig, dass ich mich unglücklich mache, wenn ich Dir nicht ans Herz lege, was mich bewegt. Du verdrehst jetzt sicher die Augen und denkst Dir, dass ich doch endlich mal Ruhe geben sollte?! Es tut mir Leid, dass Dich das nervt, aber ich sage es trotzdem und immer wieder – das solltest Du wissen und vielleicht geht es, dass Du mir entgegenkommen auch wenn es Deiner Natur entspricht stur auf den eigenen Prinzipien zu beharren. Ich wünsche mir, dass Du mir auf Emails antwortest, denn ich mache mir Gedanken und das ist liebevoll gemeint. Ich habe verstanden, dass Du klammernde Frauen unattraktiv findest und respektiere das. Ich verstehe, dass Du zielstrebig Deinen persönlichen Zielen entgegenläufst und das in Deinem eigenen Tempo tust. Steckt vielleicht doch ein kleiner Prinz in Dir und Du verstehst das Anliegen und Herz einer Frau, die sehr romantisch veranlagt ist und dies auch benötigt, um sich geborgen zu fühlen? Du musst wissen, dass ich Dich sehr liebe, auch wenn ich viel sage und tue, das nicht danach aussieht. Meine Abwehr dient dem Schutz vor Verletzungen und Enttäuschungen, denn nun hast Du mich gejagt und gefangen und um Gefangenes braucht man sich nicht zu bemühe, es kann ja nicht mehr weg. Da ist wirklich etwas dran. Ich bin wie das letzte Einhorn und deshalb solltest Du mich am Leben halten und pflegen und füttern und streicheln, denn ich weiß nicht, wo ich hin soll. Ich will zu Dir gehören und für Dich da sein und wünsche mir, dass Du das auch möchtest und Dir jeden Tag vorstellst, wie es wäre, wenn es mich nicht gäbe.

Du tust das, das weiß ich, und das ist wunderschön. Darf ich hin und wieder an Deinem Leben teilhaben, ohne dass es sich im Bett oder der Berührung meiner Weiblichkeit ausdrückt - ich meine ausschließlich?! Ich brauche Deine Hilfe, denn ich bin sehr verunsichert und Du weißt das. Lass mich nicht im Regen stehen und unterstütze mich doch bitte, bevor ich zu reden anfange, denn das nervt Dich - das spüre ich oft.

Hochachtungsvoll und unglücklich beim Gedanken an unsere gemeinsame Zukunft

Dein Schatz

Nachdem ich mir mit dieser E- Mail Luft gemacht hatte, kamen mir all meine Bemühungen und Bitten sinnlos vor, also schrieb ich meinem Mann erneut.

Vergiss, was ich schrieb, es scheint wirklich so zu sein, dass es nicht passt. Ich kann keinen Gedanken äußern, ohne das Du denkst, ich kann nicht ohne Dich sein bzw. allein sein. Das kann ich und darum geht es auch nicht. Ruf mich nicht mehr an bzw. schreib auch nicht. Vielleicht findet sich alles von allein. Lena

Sieben Stunden später antwortete er mir völlig entnervt mit folgenden Worten:

Was n das für ne E - Mail. Hast Du n totalen Knall??? Komm mal klar! Nur weil ich nicht ständig nach Deiner Pfeife tanze und mich nicht verändern lasse? Das wusstest Du. Bin schon ein sehr geduldiger Mensch, aber wenn Dir das nicht reicht, kann ich Dir nicht helfen. Entscheide Dich mal endgültig und bleib dabei. Dieses Hin und Her macht mich wahnsinnig.

Wiederum zwei Stunden später versuchte ich ihm zu erklären,

Hallo. Ich habe mich doch längst entschieden. Darum geht es doch nicht. Verstehen wir uns denn nur falsch? Soll ich gar nichts mehr sagen? Das kann ich aber nicht. Hab doch nur meine Wünsche geschrieben. Warum flippst Du so aus? Wenn das Du bist – kalt und harsch – dann nein, will ich nicht, obwohl ich Dich liebe. Komm Du auch mal klar und entscheide Dich, ob du mit einem anderen Menschen leben willst. Sagst es, tust es aber nur so, wie es Dir passt. Nicht fair. Und ich soll aber fröhlich sein und gelassen, weil doch alles ok ist. Das entscheidest immer Du. Woher willst Du wissen, was für mich o.k ist?

Bereits zwei Minuten später fragte er,

Wieso entscheide ich das?

Vier Minuten später gab ich zurück,

Verdrehst die Augen, regst dich auf, weil ich mehr Zeit mit dir verbringen will, als jeden dritten Tag einen Abend. So ist das aber vielleicht bei Verliebtheit? Fühlst dich eingeengt und denkst, du sollst nach meiner Pfeife tanzen. Du spinnst wohl. Echt. Wer ist denn hier beziehungsunfähig? Jedenfalls nicht nur ich. Wer entscheidet denn und nach wessen Pfeife soll ich tanzen? Denk mal bei dir selber nach. Vogel!!!

Zwölf Minuten später er,

Nö. Komm da auf nix.

Vier Minuten später ich,

Naja, dann ist das wohl so. Dann entscheide ich mich mal, wah?

Acht Minuten später wieder ich,

Ach Schatz, was soll bloß aus uns werden? Am Anfang warst Du derjenige, der mich anrief, weil ich nicht auf eine SMS geantwortet habe. Du bist so hart zurzeit. So kenn ich Dich nicht.

Zwei Minuten später er,

Ist doch klar. Wie soll ich denn darauf reagieren. Lies Dir mal die letzte Email durch.

Fünf Minuten später ich,

Ja. Ich weiß, aber ganz ehrlich. Du machst es dir auch ganz schön leicht. Hast ziemlich blinde Flecken. Ich schau und arbeite genug an mir. Was mit dir? >>Ich bin so! << sagst Du und fertig bist du mit mir. Ich will Dich nicht verändern in dem Sinne, ich will eine gemeinsame Ebene neben unserer eigenen Wege entwickeln, aber ohne Dich geht's nicht. Was ärgert Dich so an mir? Sag es gerade heraus.

Sechs Minuten später wieder ich,

Hör zu: Ich weiß, dass ich was tun muss. Habe schon alte Kontakte aktiviert und zieh wieder selber los, so, wie ich es eigentlich auch liebe. Denke, in Beziehung immer, ich muss uneingeschränkt für den anderen da sein und erwarte das auch von dir. Vielleicht ist das ein Fehler.

Drei Stunden später er,

Entscheide, ob du mit jemandem zusammen sein willst, der ein richtiger Mann ist, seinen eigenen Willen hat und fest im Leben steht oder ob du doch wieder nur eine Marionette suchst, die verweichlicht alles tut, was du sagst, um es sich nicht mit dir zu verscherzen. Ich bin so, wie ich bin. Das habe ich von Anfang an gesagt. Ich lasse mich nun mal nicht verbiegen. Gehe auch mal auf deine Bedürfnisse ein, wenn ich sie verstehe, aber ich bin nun mal nicht dein Spielzeug. So wie ich dich akzeptiere und liebe, solltest du es auch tun. Ich liebe dich mit fast all deinen Macken und Problemchen. Gute Nacht mein Schatz. Schlaf schön und träum was Süßes und lass dein Denken nicht von deinen Gefühlen übermannen. Bist doch erwachsen, oder?

Im Anschluss an diesen Briefwechsel musste ich erst einmal wieder meine Gedanken ordnen und folgende Fragen gingen mir durch den Kopf: Was wäre, wenn ich auch einfach ich sein würde? Ist eine Beziehung einfach eine sichere Basis, von der aus man losgeht und trotzdem sein eigenes Leben weiterlebt? Ist Beziehung wie Freundschaft, außer, dass man zusätzlich mit einander schläft? Verwechsle ich Sehnsucht mit der Forderung an den anderen, meinen kindlichen Heißhunger nach Schutz und Liebe zu stillen? Eigentlich sind das alles wirklich keine Fragen, sondern ich weiß, dass es so ist. Die Frage ist nun, bin ich schon so weit, erwachsen zu lieben bzw. werde ich es jemals sein? Ich gebe die Verantwortung für meinen Seelenfrieden immer noch so gern an andere ab. Er hat Recht. Das tut weh. Ich muss an einen Ausspruch von Robert Betz denken, der einmal in einem Vortrag zum Thema „Lust auf Lust" sagte: „Das größte Hobby der Frauen ist es, Männer zu verändern!" Warum ist das so, frage ich mich? Frau sucht sich einen Mann, und will ihn dann verbiegen. Wie geht Liebe, ohne vom anderen zu erwarten, dass er einen glücklich macht?

FRAU JUNGMANN

Lena kam an diesem Tag etwas später als geplant. Sie sah frisch und strahelnd aus, als sie die Jacke ablegte und mir in den Gesprächsraum folgte. Etwas war anders heute. Ich war gespannt, was sie mir gleich erzählen würde. Lena setzte sich aufrecht hin und schaute mich mit klarem Blick an. „Wir machen nun gemeinsam eine Sexualtherapie. Ich komme mir so unfähig und überfordert vor. Beziehungsgestaltung ist für mich wirklich das aller Schwierigste.", begann sie. Ich war irritiert, dass ihre Aussage so klagend klang und sie doch gleichzeitig so klar und froh schien. „Wenn er dies mit Ihnen gemeinsam macht, ist es doch ein sehr schönes Kompliment. Sie schaffen das. Trauen Sie sich mehr zu. Sie sind ein wunderbarer Mensch. Ich finde es bewundernswert von Ihrem Partner, dass er sich dazu entschlossen hat, diesen Weg mit Ihnen zu gehen." „Ich glaube, wovor ich gerade am meisten Angst habe, ist Gewohnheit und Stillstand. Ich habe das Gefühl, immer weiterziehen zu wollen. Ich bin unglücklich, wenn ich stillstehe. Ich habe gestern lange mit ihm gesprochen und ihm meine Befürchtung geschildert. Auch habe ich ihn gefragt, ob er mit mir gemeinsam therapeutische Unterstützung in Anspruch nehmen würde. Er sagte sofort >>Ja<<." „Wissen Sie Lena, es gibt niemals Stillstand. Es wirkt vielleicht manchmal so, aber auch innerhalb eines Ortes, gemeinsam mit einem Menschen entwickeln wir uns weiter >>zu jeder Zeit<<. Vertrauen Sie darauf und nutzen Sie die Chance, gemeinsam mit Ihrem Partner herauszufinden, wie sie sich auch auf intimer Paarebene gegenseitig unterstützen können. Das ist wunderbar. Ich freue mich für Sie über einen so mutigen Menschen an Ihrer Seite.", sagte ich und meinte es aus tiefstem Herzen. „Bauen Sie sich Ihr Nest und gehen Sie von dort aus weiter in die Welt hinein. Trauen Sie sich, zu vertrauen.", sprach ich weiter. „ Sie lieben die bewegliche Beständigkeit. Lernen Sie, die leise Lebendigkeit zu hören. Es wird niemals Stillstand geben." Ich lächelte Lena aufmunternd zu. „ Ich werde zu ihm ziehen. Aber warum soll es diesmal gut gehen?", fragte mich Lena zweifelnd. „Nun ja", sagte ich vorsichtig, aber bestimmt. „Wissen können Sie das nicht. Sie entscheiden jeden Tag auf's Neue, ob es gut ist, ob für Sie beide o.k. ist, was sie gewählt haben. Nehmen Sie an, was das Leben Ihnen bietet. Versuchen Sie es. Es bleibt Ihnen kein anderer Weg, als zu gehen." Lena hörte mir aufmerksam zu. „Frau Jungmann, ich bin Ihnen zu Dank verpflichtet. Sie haben mich weiter an mich glauben gelehrt auch auf ungewissen Terrain."

Ich glaubte fest daran, das Lena es schaffen kann, in vertrauter Zweisamkeit leben zu lernen. Sie war reflektiert und daran interessiert, echte Gefühle zu fühlen und wahrhaftig zu lieben. „Sie wissen, wo Sie mich finden, wenn Sie mich brauchen.", sagte ich abschließend. Mehr als ihr noch >>Alles Gute << zu wünschen, gab es nicht zu sagen.

Lena

Ich wage es noch einmal. Vermutlich wird es auch nicht das letzte Mal sein, dass ich etwas wagen werde. Ich hoffe jedoch, dass ich nun all meine Abenteuer mit einem und demselben Mann bestreiten darf. Ich glaube, dass es unwahrscheinlich wichtig war, für einige Zeit ohne Partner zu leben. Daran bin ich sehr gewachsen. Ich hatte immer furchtbare Angst vor dem Alleinsein. Seit ich Single war, weiß ich, dass ich allein nicht untergehe. Ich brauche niemanden, um zu überleben. Diese Erfahrung war sehr, sehr wichtig für meine persönliche Entwicklung. Was nun wird, wenn wir zusammengezogen sind und Kinder bekommen, werde ich sehen. Sich jetzt schon verrückt zu machen, ist absolut unproduktiv.

Manche Menschen trennen sich nach dreißig Jahren von einander. In der heutigen Wegwerf – Gesellschaft ist es vermutlich so, dass es nicht mehr wichtig ist, um einander zu kämpfen. An jeder Ecke gibt es neue Menschen, an denen man sein eigenes Muster wieterleben kann, solange, bis die Beziehung erneut zu Bruch geht. Dieses Spiel kann man X Mal wiederholen, wenn man Lust dazu hat. Ich habe keine Lust dazu und habe mir deshalb fest vorgenommen an meiner eigenen Verantwortung zu arbeiten. Ich möchte schließlich auch so akzeptiert werden, wie ich bin. Gleichzeitig bedeutet es nicht, dass man sich nicht auf einander zubewegen darf. Es ist ein Drahtseilakt, finde ich, aber es gibt Menschen, die können wunderbare Kunststücke auf solch einem Seil vollbringen und dabei entspannt lächeln. Das möchte ich auch lernen. Ich möchte eine professionelle Seiltänzerin werden, der es Spass macht, immer wieder auf das Seil zu gehen und neue Kunststücke zu lernen.

Lena

2015...

Mit der Zeit kann die Psychologin in mir die meiste Zeit vertrauensvoll und zuversichtlich in mir ruhen. Es fühlte sich gut an, als ich zu meinem Mann zog. Er hatte mir einen Raum in dem kleinen Häuschen freigeräumt, wo ich mich einrichten konnte. >>*Ich brauche einen eigenen Raum*<<, habe ich ihn ermahnt, >> *denn ich brauche Platz für mich und das gefühl, ich kann mich zurückziehen.* <<.

Ja, ich zog mit Angst bei ihm ein, ich würde ersticken. In regelmäßigen Abständen kommt diese Angst noch immer hoch. Dann reden wir – erst die Angst und Ich – und wenn das nicht lange hilft, dann rede ich mit meinem Mann, der sich immer wieder geduldig anhört, was mir Sorgen bereitet und die wunderbare Fähigkeit besitzt, mich zu stärken, ohne mir den Prozess des Loslassens und Einlassens abzunehmen.

Wir gehen seit etwa einem halben Jahr im Abstand von 6 Wochen zur Sexualtherapie und arbeiten an - und miteinander daran, dass wir uns nahe sein können, ohne die Gefahr, sich selbst aus dem Blick zu verlieren. Erst dachte ich, ich bin allein beziehungsphobisch, doch jetzt stellt sich mehr und mehr heraus, dass auch er gepanzert ist, sich davor fürchtet, sich untreu werden zu können, wenn er sich in seiner weiblichen Seite zeigt, die durch Wärme, Emotionalität, Tiefe und Verletzlichkeit charakterisiert wird. Damit wir ein *Wir* leben und genießen können, braucht es meinerseits die Auseinandersetzung und Beschäftigung mit meinem Körper, meiner Sexualität und seinerseits das Zutrauen in mich und die Welt, seine emotionalen Verletzlichkeit zu zeigen. Das ist der Schlüssel zu einem wirklichen und wahrhaftigen *Wir*.

LENA JUNGMANN

Am 06. Januar 2016 ist der errechnete Geburtstermin unseres Sohnes Thore Helmut Jungmann. Bislang lebt er und entwickelt sich prächtig und jedes Mal könnte ich vor Glück zerspringen, wenn es bei den Untersuchungen heißt <<Es ist alles prima! So wie es sein sollte. >> Ist es nun soweit? Gründe ich gerade meine eigene Familie und bekomme Zuwachs? Was wird mich nun erwarten? Kann ich bei meinem Sohn angemessen mit Nähe umgehen? Wird es leichter sein, als in partnerschaftlicher Beziehung? Ich bin gespannt und gleichzeitig spannend gelassen. Ich habe ein Zutrauen in mich, wie ich es noch nie spüren durfte. Schon jetzt, wo Thore in meinem Bauch wächst und gedeiht, liebe ich ihn unendlich. Dabei überprüfe ich regelmäßig sorgfältig, ob ich mit dem Wunsch nach einem Kind etwas kompensieren möchte. Aber da ist nichts. Da ist einfach der unbändige Wunsch, Mutter zu werden und dieses Abenteuer erleben zu dürfen. Da ist dieses tiefe Gefühl von >>es darf nun geschehen<<. Das macht mich glücklich.

Ich hoffe, ich kann die Sorgen und Ängste aushalten, die ich als Mutter sicher auch haben werde, ohne Thore beim Erforschen der Welt zu beschneiden. Mir ist bewusst, dass er nicht mir gehört. Er hat sich uns als Eltern ausgesucht und wir haben die Ehre, ihm die Welt zu zeigen und aus ihm einen starken, klugen, gerechten Mann zu machen. Wir dürfen ihn begleiten und mit unserer Liebe den Weg in ein unanbhängiges Leben ebnen. Was für eine wahnsinns Herausforderung.

Eines Tages werden mein Mann und ich wieder allein zusammen sein und diese Phase des aneinander Arbeitens, dieses Drahtseiltanzes zwischen Ich und Du, zwischen Kompromissen und Selbstverwirklichung wieder erinnern. Diese Arbeit mit einander lohnt sich, denn ich möchte auch im Alter wissen, dass ich wahrhaftig geliebt habe. Dann kann ich friedlich sterben. Bis dahin wird noch viel Zeit vergehen und weitere Kinder werden geboren werden. Thore wird der erste sein und ich bin selig, dass ich ihn empfangen darf.

Danksagung

ICH MÖCHTE VOR ALLEM SIMONE PRICK DANKEN, DIE NICHT NUR GEMEINSAM MIT IHREM MANN DANNY SCHWOHL WWW.TONAGE.DE AN DEM HÖRBUCH ZU MEINEM ERSTEN ROMAN „MEIN LANGER ATEM" ARBEITET, SONDERN AUCH DIESES WERK KOMPLETT ÜBERARBEITET HAT.

ICH DANKE MEINEM MANN FÜR SEIN DURCHHALTEVERMÖGEN, SEINE LIEBE UND DAS BEDÜRFNIS, SICH EBENFALLS WEITERZUENTWICKELN.

UND ICH DANKE THORE JETZT SCHON FÜR WUNDERBARE JAHRE, DIE HOFFENTLICH AUF UNS ZUKOMMEN WERDEN. MÖGEN WIR IN FRIEDEN LEBEN UND BESCHÜTZT SEIN.

Ich danke allen, die mich in meinem Leben begleitet und getröstet und geläutert und begrenzt und zum Lachen gebracht und zur Weißglut getrieben und das Leben leichter gemacht haben.

Ich danke all denen, die mir die Hand gereicht und entzogen haben, die mich gelehrt und von mir gelernt haben.

Ich danke allen, die mich als Ganzes begriffen und all denen, die mich nicht verstehen werden.

Ich danke allen, die mich achten und denen, die den Mut aufgebracht haben, sich selbst in mir zu suchen.

In jedem Einzelnen von den Menschen und Situationen bin ich mir stückweise selbst begegnet und werde dies auch jedes Mal wieder tun, auch als die Frau, die ich jetzt bin.

Weitere Links und hilfreiche Lektüre zum Thema

- Knuf A (2002). Leben auf der Grenze - Erfahrungen mit Borderline. Bonn: Psychiatrie-Verlag.
- Knuf A & Tilly C (2005). Das Borderline-Selbsthilfebuch; Psychiatrie-Verlag
- Kröger C & Unckel C (Hrsg.) (2006). Borderline-Störung. Wie mir die Dialektisch-Behaviorale Therapie geholfen hat. Göttingen: Hogrefe.
- Lawson CA (2006). Borderline-Mütter und ihre Kinder. Wege zur Bewältigung einer schwierigen Beziehung. Gießen: Psychosozial-Verlag.
- Mertz JM (2000). Borderline - weder tot noch lebendig. Stuttgart: Ferdinand Enke.
- Rahn E (2001). Borderline - Ein Ratgeber für Betroffene und Angehörige. Bonn: Psychiatrie-Verlag.
- Sender I (2000). Ratgeber: Das Borderline-Syndrom. Wissenswertes für Betroffene und Angehörige. München: CIP-Medien.
- http://www.borderline-netzwerk-berlin.de/index.php?id=22
- http://grenzgaenger-duisburg.de/
- http://katrinzeddies.de/
- http://tonage.de/e/i/audiodesign#mein_langer_atem
- http://www.rob-bennett.de/welcome%20deutsch.htm
- http://www.awp-berlin-online.de/

Printed in Poland
by Amazon Fulfillment
Poland Sp. z o.o., Wrocław